Critiques Sociales

Œuvre

Seull.

Jeunesse, *poésies* (1896-1902) .... 1 volume.
Adolescence,   —   (1903-1904) 1   —
(Réédition synthétique).

La Terrestre Tragédie

Epopée.

Le Poème de L'Homme (1905) 1   —
Le Poème de l'Idée.... (1906) 1   —
Le Livre de la Chair... (1907), *prose* ... En cours.

Episodes.

La Montagne, *drame lyrique* (proses).   —
L'Orphélde,   *trilogie.*   —   —

RÉCEMMENT PARU :

LA TERRESTRE TRAGÉDIE

I. *L'Homme.* — II. *L'Idée.*

Préface de GUSTAVE KAHN

Un fort volume in-18, simili Hollande, avec portrait de
l'Auteur par Berthold-Mahn.

Lettres, Epigraphes, Critiques par :

Victor Margueritte — Paul Adam — Auguste Rodin — M. E. Zola
— Gabriel Trarieux — Georges Renard — J. Paul-Boncour —
Léon Frapié — Séverine — Arquillière — E. Roubanovitch — Fer-
dinand Buisson — Yves Guyot — etc.

Prix : **4 francs.** *— Editions de L'ABBAYE. — PARIS*

HENRI-MARTIN

Critiques Sociales

PROGRAMMES ET RÉFORMES.
MŒURS ET CODES. — PRÉVOYANCE ET TRAVAIL
(1905-1906)

Vol. III. — Décembre 1907

PARIS
1 bis & 3, Boulevard des Italiens.

Les Etudes et Chroniques
de cette sélection
ont été publiées au cours des années
1905-1906
dans :

LES ANNALES SOCIALISTES, revue doctrinale mensuelle.

L'AURORE, quotidien.

LE FORUM, tablette philosophique hebdomadaire.

LA TRIBUNE RÉPUBLICAINE, bi-mensuelle.

LE SOIR (radical-socialiste), quotidien.

PARIS

Critiques Sociales

Sélection

(1905-1906)

Table du présent volume

Critiques sociales

La netteté de ce simple titre détermine le caractère et la signification du présent livre.

Je ne jugerais pas nécessaire de le défendre davantage, s'il avait l'habituelle qualité d'être inédit.

Mais les études qu'il comporte ont été publiées dans le quotidien ou la revue, au cours des années 1905-1906. Et cela m'oblige à quelques commentaires.

En principe, ce serait croire à la vertu de ma signature, à l'autorité de mon opinion que de les tenir pour connues, définitivement.

Persuadé, au contraire, de l'indifférence que le lecteur pressé — ou distrait par l'actualité souveraine — leur marqua jadis, j'ai voulu les disputer à l'oubli.

Ce fait porte en soi le seul mérite et la seule excuse d'une telle sélection.

Il apparaît évident que si certaines pages n'avaient conservé toute leur valeur sociale en ce présent, comme hier agité par les mêmes inquiétudes, passionné par les mêmes problèmes, je ne les aurais point exhumées — et réunies, ce qui est plus grave.

Mais, précisément, les directions politiques de l'heure confirment plus d'une prévision, renouvellent maintes pensées dont mon esprit, alors, s'inquiéta.

Deux années, depuis, ont durablement solidifié mes convictions et limité mes sympathies : c'est pourquoi la publication méthodique de ces écrits et de ceux qui suivront ne me semble pas inutile.

En faveur des tendances qu'ils accuseront ainsi groupés, je compte mériter l'appréciation impartiale de quelques hommes éclairés ; ceux-ci ne devront s'attendre toutefois à y trouver une documentation technique ou des recherches de style qui font volontairement défaut : seul, le sujet importe.

Ces pages, données hors l'œuvre littéraire que je poursuis, concourent en outre à fixer l'effort désintéressé d'un artisan intellectuel tout acquis à la démocratie ouvrière.

Elles m'ont permis en effet de mesurer, loin de la tour où se complaisait mon tempérament, la portée de quelques idées jetées au vent de la Tourmente sociale, avec une indépendance étrangère à toute préoccupation politique. Et de cela, ma conscience se satisfait.

Mais je montrerais sans doute une réelle ignorance à vouloir destiner au public, c'est-à-dire au nombre, la réédition de ces critiques qui sollicitèrent, librement déjà, son attention.

J'ambitionne plus simplement la considération autorisée des quelque trois cents lecteurs du monde littéraire et politique qui ont toujours estimé loyalement mon labeur esthétique ou civique et près desquels mes premiers livres et mes publications antérieures obtinrent large crédit.

Je dois d'ailleurs à la coopération de leurs sympathies, la certitude agréable de pouvoir quatre à six fois l'an, exprimer par ces Etudes Libres, *condensées en recueils, ce qui est trop précis, trop collectif, trop journalier pour être traduit en une forme d'art : la valeur, au contact de la réalité, des entités sociales et philosophiques qui opposent la vie multiple et contradictoire des hommes ; aussi, la vérité — relative — sur ces hommes et sur leurs actes.*

Que mes lecteurs amis veuillent donc accepter le présent volume, moins comme une manifestation d'idées intéressantes et de sentiments personnels, que comme un témoignage nouveau de ma gratitude.

H. M.

Décembre 1907.

Chapitre I

PROGRAMMES ET RÉFORMES

I. La Bonne République.
II. Le Comité de la Démocratie sociale.
III. La Droite et les Réformes.
IV. La Loi d'Evolution.

La bonne République

Le mot, pour beaucoup, tient lieu de programme :
je suis républicain ! et j'ai vu l'Empire. La belle affaire,
en vérité. Mais, ce qui s'excuse par l'âge respectable,
preuve, souvent, d'une jeunesse de luttes sous d'autres
régimes, ne saurait plus l'être pour des groupes impor-
tants dans le monde politique, et possédant une action
sur les pouvoirs publics.

Que le pays, fort, et uniquement fort par son peuple
— c'est-à-dire par le seul élément qui travaille, qui
crée, qui l'enrichit — marche, poussé par sa volonté
naissante, vers des destinées meilleures dont ses souffrances lui donnent seules conscience, et à lui seul, cela
ne se contestera jamais en théorie. Mais que ce même
peuple, passant de la réflexion aux actes, demande la
légalisation de ses plus immédiates espérances, l'esprit
dirigeant s'arrête et provoque aussitôt une réaction.

Les 35 ans déjà vécus par la République dans le
calme intérieur, dans la paix du dehors, devraient
cependant lui donner cette raison qui n'est pas refusée
à l'adulte de même âge.

Il n'en n'est pas ainsi :

Les vrais, les purs Républicains, les véritables fils
de la Révolution française, ceux dont le gigantesque
effort sombra dans la Commune (1) ont cependant
laissé une descendance.

Aussi, la jeune génération, toute intellectuelle, ne

(1) *Lire l'ouvrage de Paul et Victor Margueritte ainsi que
« L'Apprentie », de Gustave Geffroy.*

comprend-elle plus la vie républicaine présente, qui bat, à la vérité, dans un corps d'empire sous le nom de démocratie.

La triple égide dont se parent les édifices publics, Liberté, Egalité, etc., est l'étiquette d'apaisante lecture sur un objet qui peut paraître cher.

Certains hommes font le progrès, d'autres le subissent. Les premiers, novateurs, souffrent et passent ; les seconds résistent, tolèrent, demeurent et profitent.

De 1875 à 1906, les mêmes formules politiques ont prévalu, le même vent de réformes a toujours soufflé.

Il a fallu la poussée sociale, le désir d'en finir avec le spectre clérical qui risquait, après un quart de siècle d'existence, la pire vétusté, pour que la démocratie, la vraie, non celle des discours officiels, oblige enfin ses candidats, aux dernières élections, à lui signer des engagements fermes pour la législature qui s'ouvre aujourd'hui.

Le parti républicain, sous l'Empire, avec Simon et Ferry, avait déjà un programme de réformes nécessaires. Mais pour Gambetta le mot n'était pas suffisant. « Destructions » nécessaires : plus de budget des Cultes, plus d'armée permanente, la suppression de tous les privilèges et monopoles, qu'il appelait des « primes à l'oisiveté. » C'était beau, et promesse encore, c'était gratuit.

Les luttes intérieures de la République naissante, l'opportunisme gouvernant, empêchèrent la moindre réalisation.

Et pendant la longue période qui nous sépare de cette époque, progressisme et radicalisme se succédant, se confondant bientôt, ne consacrèrent pas davantage le « programme » par des sanctions.

Les vieilles lois maintenues et rapiécées, en dehors

de l'effort pour l'instruction primaire, sévirent sur les ans et le travail tout comme jadis. Mais la bourgeoisie devenue républicaine par intérêt, tenait le pouvoir sous ces prénoms menteurs et commandait la Nation.

Il faut lire la nomenclature navrante des cinquante ministères sombrant sans interruption et ne laissant de leur passage aux affaires, qu'une impression négative dans les actes et dans le code.

La classe profitante de 89 était, un siècle plus tard, la nouvelle bénéficiaire de l'élan national et de ses révolutions car 1830, 1848, 1852, 1871 ne saignèrent que le peuple.

Aujourd'hui que son violent réveil a transformé l'opportunisme en un radical-socialisme, aux bonnes intentions duquel je crois de tout cœur, il n'y a malheureusement plus moyen de tergiverser.

Toutes les candidatures de gauche ont répandu à plaisir les brochures-programmes et dans toutes, les réformes sociales reviennent comme *leit-motiv*.

Ah ! la bonne séparation qui n'est plus, laissera-t-elle, en l'esprit de maints démocrates, d'impérissables regrets. Derrière le prêtre, tout bon « républicain » était à l'abri.

Et dire que ce que la Constituante avait séparé, se ressouda plus tard pour demander encore 30 ans à la troisième République avant la rupture suprême !

Car la bourgeoisie, toujours forte, toujours habile, façonnait à l'ombre de ses lois d'exception, de ses lycées, de ses grandes écoles spéciales, le cadre dans lequel le peuple devait se mouvoir.

L'Eglise, devant l'effort scientifique, était d'ores et déjà, par elle, sacrifiée. Il fallait bien donner aux revendications nationales une pâture facile. Tant qu'elle durerait, la Haute Classe serait sans péril.

La Démocratie, je le disais, n'est pas dans notre République, mais dans la République.

Voyez le soldat et voyez l'officier, l'ouvrier et le patron, l'école primaire et le collège, le peuple « souverain » et l'administration. Pensez à notre diplomatie blasonnée, à notre justice de classe, acquittant les généraux et dispensant la prison au troupier, hier citoyen. Partout cet antagonisme qui naît de la différence initiale de l'argent et de l'éducation.

Notre enseignement laïque garde encore en ses livres l'idée de Dieu ; la grande famille qu'est l'armée, est encore une organisation oppressive pour le fils au devoir.

Ainsi, la partie représentative du pays, que l'on peut définir et considérer en ces douze états que l'on nomme des ministères, est aux mains uniques de notre bourgeoisie, dont le rôle historique est grand, et qui a changé de couleur comme la France a changé de régime, mais est toujours restée la même.

Au récent banquet d'une vaste association purement politique j'ai eu tout loisir de me rendre compte de cette vérité.

A l'instant des discours, j'ai sans cesse entendu les mots démocratie et République, alors qu'en un salon doré, éblouissant de lumière, les convives, *en habit*, applaudissaient. Puis les orateurs flétrirent comme il convient la grève, cependant légale, et certaines idées, destructives du dogme « nation ». Il fallait « l'ordre, le calme seuls capables de faire la fortune de ce pays », la leur, bien entendu.

Et les gardes d'Empire, culotte blanche, sabre au

clair, silencieux, aux « Excellences » faisaient escorte.

La fortune ! ce mot me resta. Ceux-là même qui pendant vingt ans *trustèrent* la République, alternant la protection et le libre-échange pour satisfaire mutuellement leurs intérêts, ceux-là même, dont les usines florissantes et les champs féconds venaient de permettre l'exode en Russie de quatorze milliards, ceux-là osaient parler de grève et d'ordre !

Anathème, trois fois anathème contre moi qui discute leur républicanisme, car ils en ont, à la boutonnière surtout.

Après Courrières, après la Douma, après le vote, par ces mêmes hommes, ou leurs pareils, d'une commission sénatoriale hostile aux retraites ouvrières, j'ai compris tout l'égoïsme de cette bourgeoisie, classe anti-sociale, républicaine par force et dont le cléricalisme fut la seule concession.

Aujourd'hui, le pays veut autre chose, il veut sa part de la « fortune », de la « richesse » qu'il crée et dont il est spolié. Je compte plus encore sur l'éveil du pays que sur la nouvelle Chambre, car celui-ci découvre seulement le mensonge néo-républicain.

Le peuple, l'artisan de la grandeur française attend la fin d'un autre dogme, le salariat.

Les radicaux socialistes apportent un sérieux programme qui peut en partie le briser.

Les soixante-quinze socialistes envoyés au Palais-Bourbon pour former l'avant-garde de la République sociale, ne voient le salut que dans la transformation du capital et de la propriété. L'avenir, à ceux-ci répondra.

Mais, dans quelle mesure, les « Républicains » tout court, sont-ils prêts à collaborer avec ceux-là ; voteront-ils avec la majorité sur le respect du droit de grève,

la liberté syndicale, la limitation de la journée de travail, l'arbitrage obligatoire, le contrat collectif ?

Leur République est bien ingrate qui les oblige à
telle besogne. Il était si doux d'être réacteur libéral
après fortune faite ! Hélas ! il faut marcher, cependant,
pour préparer l'échéance 1910. Le monde du travail
ne réclamera pas l'argent volé mais les lois promises
depuis si longtemps.

Et cela pourrait tourner mal !

(Mai 1903)

NOTE

(1) Il s'agit de *L'Alliance Républicaine démocratique*, groupement important qui symbolise à merveille l'opposition anti-réfor-
miste au point de vue social, malgré que des hommes éminents
et sincères le président et le dirigent.

Lorsque j'ai écrit cet article, je ne pensais pas définir et caractériser avec tant de justesse la situation politique actuelle et l'antagonisme des partis.

L'attitude du Sénat est à peu près restée ce qu'elle était au
début de 1905.

Après vingt mois de législature, les réformes ouvrières et fiscales
du programme 1906 n'ont guère avancé. La bourgeoisie capitaliste leur oppose en effet, sur tous les terrains, une résistance implacable. La chambre, le gouvernement, l'opinion la vaincront-ils ?

En ce mois de décembre 1907, à propos d'une élection sénatoriale,
le groupe visé plus haut a fait échouer le candidat officiel radical-
socialiste en réservant ses voix aux adversaires de ce parti.

De même, un autre membre de *L'Alliance*, président de la commission sénatoriale des Finances, fait, en cette qualité, une obs-
truction systématique aux projets de réformes étudiés par cette
commision.

Les prochaines élections de la Haute-Assemblée et la consultation de 1910 seront sans merci pour les leaders et les partisans
d'une telle politique.

Le Comité de la
Démocratie sociale

Le comité de la « Démocratie sociale » fut créé, voici un an, par J.-Paul Boncour, ancien secrétaire de M. Waldeck-Rousseau, actuellement Directeur de cabinet du Ministre du Travail, assisté par Henri-Martin, littérateur, attaché au même cabinet, (chargé du secrétariat général), et par L. Parsons, secrétaire de M. Aristide Briand.

Les trois fondateurs de la « Démocratie sociale » rédigèrent tout d'abord les statuts de cette importante association.

Le triple but qu'elle poursuivait était indiqué dans l'article 2 :

« A) *Etudier, en les rendant concrètes et précises, les réformes sociales qui peuvent êtres réalisées à bref délai.*

« B) *Créer par la conférence, par la brochure et par tout autre moyen légal, une agitation dans le pays en faveur de ces réformes.*

« C) *Les faire aboutir au Parlement et appliquer dans le pays.* »

L'exposé des conditions théoriques d'admission au groupe était une véritable déclaration de principes contenue dans l'article 3 ainsi conçu :

« *Les membres du comité sont réunis par les affinités de doctrine suivantes :*

« 1° *Ils admettent que, dans les industries où la con-
centration des capitaux a définitivement réduit les travailleurs à l'état de salariés, c'est seulement sous une
forme collective que peut être poursuivie l'accession de
tous à la propriété et que dès maintenant, on doit mar-
quer et préparer les étapes de cette transformation :*

« A) *En fortifiant l'organisation syndicale et coopé-
rative de tous les travailleurs, y compris les fonctionnaires, employés, ouvriers de l'Etat, des départements
et des communes ;*

« B) *En faisant évoluer le salariat vers les formes
supérieures du contrat collectif ;*

« C) *En rachetant à leurs détenteurs les industries
pour les transformer en services publics, au fur et à mesure qu'elles se constituent en monopoles de fait.*

« 2° *Ils admettent qu'au contraire, partout où subsiste la propriété individuelle (propriété rurale, petite
industrie), l'association, sous toutes ses formes, de pro-
ducteurs indépendants suffit pour l'adapter aux exigen-
ces de l'économie moderne.*

Deux stipulations contenues dans les articles 5 et 6
achevaient de caractériser le groupe : les adhérents
devaient déclarer appartenir au parti radical-socialiste
ou au parti socialiste ; en aucun cas, les membres du
comité ne pouvaient se constituer en groupes spéciaux
ni faire acte de comités électoraux.

La « Démocratie sociale » obtint immédiatement
dans le monde politique le plus grand crédit. Citons
parmi les adhésions de la première heure : MM. Clé-
menceau, Millerand, Viviani, Aristide Briard, Jean
Jaurès, Gaston Doumergue, Colliard, Ferdinand Buisson, Georges Renard, Flaissières, René Renoult, Breton,
Jeanneney, Rajon, Mas, Roblin, Basly, Maurice Sar-
rault, Eugène Fournière, Albert Dalimier, Gabriel

Bertrand, A. Varenne, Chazot, Emile Buré, Henri Lucas, Métin, etc...

Le comité mit à son ordre du jour la discussion d'un grand nombre de questions sociales, notamment :

la journée de dix heures (application de la loi Mille-rand-Colliard),

les syndicats de fonctionnaires,

la transformation des monopoles et assurances en services publics,

la réglementation des concessions de force (houille blanche),

l'arbitrage obligatoire,

l'impôt sur le revenu,

le scrutin de liste et la représentation proportion-nelle.

Les discussions de ces grandes réformes commen-cèrent dès le mois de mars jusqu'au mois de juillet 1906 qui marqua la fin d'un premier stade dans l'existence de la « Démocratie sociale ».

Le comité de la « Démocratie sociale » qui compte actuellement une centaine de membres, dont trente-deux parlementaires, vient de reprendre ses travaux.

Si sa première année d'existence a été surtout rem-plie par des discussions théoriques, il a l'intention de réaliser actuellement la partie « propagande » de son programme.

Le remarquable livre de J.-Paul Boncour sur les syndicats de fonctionnaires, préfacé par Anatole France, doit être suivi d'autres publications analogues destinées à développer l'étude des réformes sociales qui sont mûres pour une réalisation prochaine.

Des conférences seront organisées pour propager dans les masses populaires les idées qui ne peuvent y parvenir par le livre.

Maintenant que la besogne anticléricale est accompli dans le domaine législatif, tous les efforts des partis de gauche doivent être orientés vers les grandes réformes sociales.

Les socialistes n'ayant pas la majorité au Parlement, doivent, s'ils veulent aboutir, s'unir à ceux des républicains qui sont disposés à collaborer avec eux.

A l'ancien Bloc de la défense républicaine contre les menées militaristes et cléricales, il faut substituer le Bloc des partis de réformes sociales.

Le nouveau comité aura donc largement servi les véritables intérêts du prolétariat, s'il réussit à instaurer dans le pays la politique des réalisations.

R. MONTILLOT,
Avocat à la Cour.

(*Les Annales Socialistes*)
Mars 1907.

NOTE

Je consacrerai sans doute un opuscule complet à l'étude du *Comité de la Démocratie sociale*, exposant sa fondation, son but, ses travaux.

La reproduction intégrale et le commentaire des statuts ; le compte-rendu des réunions ; la nomenclature des adhérents ; quelques interviews et articles notoires de la presse documenteront utilement cette étude. Un chapitre y sera en outre réservé aux initiatives parlementaires que ce Comité suscita, ainsi qu'à la formation récente du groupe législatif des Réformes Sociales, vraisemblablement inspiré de notre effort. — H. M.

La Droite et les Réformes

Au moment où les feuilles réactionnaires et nationalistes font de la surenchère politique ; au moment où, bien à contre-cœur du reste, elles exaltent les qualités maîtresses de nos ministres les plus à gauche, au moment où le vent des réformes sociales passe enfin sur ce pays, jusqu'alors hypnotisé par la question religieuse, il nous a semblé bon de tirer des listes alphabétiques conglomérant la minorité de droite, quelques noms utiles à l'instruction de la démocratie.

Les scrutins ayant sanctionné la déclaration ministérielle, les discours de Briand sur la séparation et de Viviani sur le Travail départagent de façon semblable les mêmes partisans et les mêmes adversaires.

Ces derniers seuls nous intéressent aujourd'hui. Mais la nuit du 4 août avait révélé au monde une autre noblesse que celle que nous connaissons car elle ne se résigne plus à l'abandon des privilèges et lutte au contraire, pour leur maintien, avec l'énergie du désespoir.

Ce n'est pas que cette catégorie de représentants « du peuple » nie à part soi le progrès et l'évolution, mais c'est le caractère nettement social des lois nouvelles qui l'épouvante.

Aussi, peut-on trouver dans l'*Officiel*, à la suite du magnifique programme de Clemenceau et contre sa réalisation bien entendu, cette liste arrachée du gotha de 1906 :

De Baudry d'Asson, de Belcastel, de Blacas, de Bois-

sieu, de Castelnau, de Dion, de l'Estourbeillon, de Fon-
taines, de Gailhard-Bancel, de Ginoux-Defermon, de
Fraissan, de Grand-Maison, de Villeneuve, de Juigné,
du Halgouet, de Hercy, de La Ferronnays, de Lanjui-
nais, de Largentaye, de Lavrignais, de Mirepoix, de
Ramel, de Rohan, de Rosambo, de Beauregard, de
Mackau, de Maillé, de Montaigu, de Monti, de Mun,
d'Osmoy, de Pins, de Pomereu.

Avec ces survivants du régime déchu, actuels défen-
seurs de l'ordre et de la propriété, figurent encore tren-
te-cinq droitiers sans particule et sans importance,
ainsi que douze progressistes et quatorze nationalistes.
Derniers vestiges, beaux débris !

Je me demande comment de tels champions peuvent
encore trouver des électeurs et quelles lointaines terres
les envoient au parlement.

Hélas, point n'est besoin de chercher : suffrage universel, tes adversaires te disent partial ; quels résul-
tats donnerais-tu si c'était vrai !

Et penser que des artisans, des ouvriers vont encore
aux urnes pour de tels réacteurs ! et songer qu'ils atten-
dent d'eux les réformes sociales que leur promet la République ! Sommes-nous en 1906 ? ou bien en 1706 ?...

(Septembre 1906)

La Loi d'Evolution

Le fait de l'homme, en quelque milieu qu'il se trouve, est de se situer dans le temps et de n'en vouloir sortir.

Les siècles qui précèdent le sien ne lui importent guère qu'au point de vue historique et se condensent, pour son esprit, en vingt dates successives qu'il fait tenir dans une heure de conversation ou deux pages de mémorandum.

Cette conception du passé subjectif semble bien naturelle à l'humain, alors que l'avenir véritable l'épouvante.

Dans l'ordre social actuel, demandez par exemple à des conservateurs ce qu'ils pensent des théories dites avancées. Vous les entendrez hurler à la fin du monde.

Et cependant, ce sont des êtres intelligents, capables de réflexion, qui savent ce que furent au moins les époques de notre ère, à défaut de connaissances préhistoriques.

Ils savent qu'au Moyen-Age, le seigneur vendait les serfs avec le champ et le bétail ; ils savent que, dans les rues tortueuses des cités, on tendait les chaînes dès le coucher du soleil ; ils savent aussi dans quel état d'indigence, de misère, de faim et de peur vivaient les populations d'alors.

A l'instant, ils oublient que trois cents ans à peine nous séparent de la fin du règne d'Henri IV,du présent des armures et des ponts levis, de la division du pays

en provinces rivales, des péages, de la guerre des hobe-
reaux voisins et du siège des châteaux forts.

****

Si un esclave s'était levé soudain à cette époque
pour dire à ses semblables ce qu'il prévoyait de l'avenir ! par exemple, ceci :

— Dans cent quatre-vingt-neuf ans, notre peuple sera
en révolution ouverte contre la royauté de droit divin ;
il déclarera les Droits imprescriptibles de l'homme,
démolira la Bastille, abolira les privilèges de la noblesse
et décapitera son roi.

Dans deux cent soixante-dix ans, la France chassera
les monarchies à jamais, se déclarera en république,
décrétera l'instruction obligatoire pour tous ses enfants
et s'efforcera de légitimer une nouvelle devise de
Liberté et d'Egalité.

Dans trois cents ans, elle créera l'assistance aux
vieillards ; les retraites ouvrières et prononcera la neu-
tralité de l'état en matière religieuse. »

Qu'aurait-on répondu à ce visionnaire, je me le
demande.

Sans doute les prêtres catholiques l'auraient-ils
torturé et brûlé vif comme sorcier.

Si nous utilisons cet argument en ajoutant par l'esprit trois siècles à l'année présente, nous serons effra-
yés de ce que cette même période, *qui nous vit passer
de la féodalité à la république radicale*, pourra produire,
en valeur humaine, décuplée par l'essor de la pensée et
les découvertes ininterrompues de la science.

****

Aux régimes déchus succéda, pour nous, la République. On fut tout d'abord républicain sans épithète,

et c'était déjà énorme ! Le nom donné, des prénoms furent nécessaires : opportunisme, progressisme, radicalisme.

Le progrès aidant, l'arbre démocratique eut de nouvelles branches et c'est au radical qu'elles s'épanouirent.

Modérée d'une part, et socialiste de l'autre, la gémination ne devait plus s'arrêter. Si la République fut le dixième stade de la lente évolution sociale, depuis l'homme des cavernes, nul n'ose affirmer que ce soit le dernier.

Sans être prophète, et par simple induction, le socialisme d'état doit, dans un temps indéterminé, faire place à la forme présente dont *nous nous* gouvernons.

Et l'on verra des cabinets socialistes modérés, socialistes radicaux et socialistes tellement extrêmes, qu'ils seront sur un autre versant.

Puis, à l'état socialiste succédera l'état communiste, par exemple, où revivront, bien entendu, modérés, radicaux et... ceux dont le nom déterminera un nouveau palier de cette évolution temporaire à son tour.

Il n'y a qu'à réfléchir quelques secondes pour concevoir l'inévitable transformation que j'esquisse. Elle ne sera pas le fait d'une autorité restreinte mais celui de la volonté collective des hommes : ouvriers, artisans, paysans ; des individus en somme, qui naissent, chaque jour davantage, à la vie matériellement et intellectuellement meilleure.

* * *

Le peuple russe conquiert dans le sang son droit au soleil, comme nous en 93 ; le trône allemand est rongé par le flot social-démocrate ; sa chute suivra celle de l'autocratie tzariste. L'Autriche-Hongrie frémit de la clameur des foules au suffrage universel : elles l'auront.

Et déjà le plus puissant royaume qui existe, le plus imbu de traditions, est obligé d'admettre en son gouvernement, un homme hier député, avant-hier simple ouvrier : John Burns, le nouveau ministre anglais du travail.

Partout, sur notre petite planète, se peut constater la marche des peuples, des ténèbres à la lumière, des dogmes décevants à la vérité naturelle, du servage au travail libre.

Cette marche en avant est fatale ; (la raison souveraine empêchera peut-être les conflits fratricides !) elle se produit, sans même que l'on s'en aperçoive à jour déterminé, par le simple jeu de l'esprit critique au service de l'effort quotidien.

Vouloir l'arrêter serait folie ; qui songerait à s'y opposer ?

On y parviendrait, certes, mais le choc, la douleur, le sang seraient inévitables. De même, pour la réaction contre l'Idée, dont les pires ennemis ne sont pas ceux qui poussent celle-ci aux ultimes limites, mais ceux seuls, qui, ayant à redouter ses conséquences, cherchent à la briser.

***

On écrirait cent volumes sur cet avenir palpitant de mystère ; mais on ne peut davantage douter de ce qu'il nous réserve, que l'on ne doute de l'existence, à trois siècles en arrière, des oubliettes et du couvre-feu.

1900 et 300, cela fait 2200. Nos lointains petits-fils traiteront alors de *barbare*, de *sauvage*, de *malheureuse*, cette même humanité qui nous semble si belle avec ses grèves, ses guerres et sa paix armée.

Mais leurs réalisations, comme les nôtres, ne seront que provisoires. Le temps, lui, continuera.

(Janvier 1906).

NOTE

Cet article a été volontairement écrit avec simplicité. La clientèle républicaine n'aime pas beaucoup, en effet, qu'on lui démontre trop savamment la mutabilité de son idéal politique.

I. Depuis lors, en France, deux ministres socialistes ont été appelés aux charges du pouvoir. L'un d'eux a inaugui 3 le Ministère du travail, enfin créé à l'instar de l'Angleterre.

II. La Russie révolutionnaire a contraint le tzar à donner au peuple un gouvernement constitutionnel. Deux *Douma* consécutives ont essayé de le légitimer et de l'affermir. La troisième vise actuellement à le détruire. Mais l'autocratie doit finalement succomber.

III. La monarchique Allemagne a vu, lors de la dernière consultation nationale, le parti Social-Démocrate gagner près de trois cent mille voix et dépasser le chiffre de trois millions d'électeurs.

IV. Enfin, le peuple d'Autriche vient d'emporter de haute lutte son droit au suffrage universel, que la Hongrie revendique à son tour. Elle est sur le point de l'obtenir. (A Buda-Pesth, le 10 octobre 1907, plus de cent mille citoyens défilent devant le Palais d'Etat Magyar pour manifester en faveur de ce droit).

V. Jusqu'en Perse, jusqu'en Chine, les masses se réveillent, veulent vivre et se gouverner librement.

Chapitre II

MŒURS ET CODES

I. L'Armée du Crime.
II. L'Assistance officielle.
III. La Prostitution.
IV. Pour les Bataillons d'Afrique.
V. La Réforme du Divorce.
VI. La Relégation des Femmes.
VII. Commentaire d'Histoire.

" L'Armée du Crime "

C'est une formule très commode, derrière laquelle s'abritent bien des sophistes, un titre qui dispense de beaucoup d'explications, ma foi, je le reconnais, très gênantes.

L'Armée du Crime ! Lisez les grandes feuilles à quinze centimes et les revues réactionnaires, où sévissent les moralistes onctueusement rentés : vous serez surpris de la simplicité du problème. D'une part, la tourbe humaine, de l'autre, le code et ses rigueurs, l'appareil judiciaire et pénitencier.

Point ne se préoccupent ces gens des effets et des causes. Le mot « Droit » se transforme, par leur bouche, en « pitié », les circonstances atténuantes étant la seule concession de leur outrancière puissance, la seule manifestation de bonté légale dont leur cœur se soit embarrassé jamais.

Et les « faits divers » perpétuent les séries rouges. Mères coupables, pères lâches, enfants victimes, misère et suicide, révolte et crime, tout cela forme l'abominable pâtée où les professionnels du roman-feuilleton puiseront de substantielles moëlles capables de vivifier leurs lamentables concepts.

Un principe psychologique veut que les foules s'animent pour la fiction sortie d'une réalité et non pour cette réalité elle-même, que les individus produisent intensément, du simple jeu de leurs passions et de leurs appétits.

Quand un «apache », le terme est consacré, se laisse mettre à l'ombre non sans résistance, la lourde main du juge s'abat sur lui ; il n'y a plus qu'à fixer automatiquement sa peine.

Ainsi, des hommes tombés dans les rêts de justice ont été condamnés à plus d'ans de prison que la vie humaine n'en comporte !

Du petit dévoyé au grand criminel, le régime, le processus infamant est le même. Le magistrat, digérant sous l'hermine, se soucie fort peu des antécédents, des atavismes, des hérédités du prévenu. Il lui accorde quelquefois la grâce de la folie, mais n'a cure de sa liberté.

Quelques esprits droits, quelques consciences équilibrées ont bien fait entendre, du haut du tribunal, des mots généreux pour les transfuges de l'ordre, et des paroles dures à l'endroit de la Société.

L'enfant que la mère affamée abandonne sous une porte cochère est marqué au front de la déchéance irrémissible. Prenez-le à quinze ans, vaurien, à vingt ans mauvais soldat, à trente, criminel, à quarante au bagne, et s'il a conçu par instinct une descendance aux filles de sa route, vous limiterez éternellement le cercle qui sépare du monde le lamentable troupeau des gueux vaincus.

Ce n'est donc plus la justice que l'on codifie pour eux, c'est la misère, morale ou physique et ses conséquences, dans notre conventionnelle humanité.

Le remède ? Certes de lumineuses intelligences en trouvèrent plus d'un. Mais ni la soupe populaire, ni les sacs de charbon, ni la pièce de deux francs et les bons de pain n'arriveront à modifier les millions d'existences qui végètent en marge de leur génération, car chacune a les siens.

Il apparaît que ce sont bien des réformes, et des réformes sociales qui seules pourront éliminer le mal par voie d'extinction en prenant l'enfant au berceau.

Que peuvent, contre le flot montant du paupérisme, une, dix, vingt, mille organisations comme l'Assistance publique ?

Les philanthropes ne savent que trop bien la haute insuffisance de ces établissements ; tout comme ceux qui voulurent en user se souviennent des obstacles infranchissables qui s'opposèrent à eux dès l'entrée.

En bénéficient les indigences passagères, les familles non totalement déchues de leur petit rang social et les créatures a .ez tenaces pour intéresser à leur sort des influences administratives ou politiques.

***

Les pays « civilisés » se couvrent, en dehors de l'assistance d'Etat, de nombreux bâtiments où flottent les couleurs nationales. Ce sont, outre les gendarmeries intangibles et les mairies sacrées, des prisons dites modèles où l'on engouffre d'énormes crédits, où l'on crée de lucratives embuscades pour les favoritismes officiels et dont le séjour aux hôtes passagers s'inscrit au casier judiciaire, comme rançon de l'hospitalité.

Mais on aura prononcé la faillite du contribuable, enfin épuisé par les milliards de la guerre et les millions versés aux sables coloniaux, avant que quelques francs restent au fond des trésors pour protéger légalement l'enfance malheureuse à laquelle, dès sa majorité, on réclamera l'impôt du sang.

La politique s'éternise sur les questions religieuses, la justice délibère sur l'idée de patrie et les parlements tiennent pour suspectes les solutions réclamées par les classes ouvrières.

L'homme besognera longtemps encore pour un dérisoire salaire, la femme, à raison de dix centimes l'heure, exténuera d'avance la race dans ses flancs.

L'usinier rivera toujours à son fief les tâcherons ruinés par l'économat obligatoire. La grève des robustes fera sans cesse des victimes sous les drapeaux, que ne se marquera l'avènement du travail sain, normal et rémunéré à sa valeur.

Il faut au capital, pour vivre et prospérer, des différences de honte dans la misère même. C'est là que se recrute cette armée du crime, fameuse par son unique défaite, et croissant, dangereuse, sous l'œil malveillant de la force qu'elle légitime.

Il faut ces deux extrêmes pour la sécurité des nations et des banques.

L'esprit faible songe au suicide, crime individuel autorisé par l'égoïsme d'autrui ; l'esprit froid rit de s'encanailler et médite la violence, répréhensible, puisqu'elle atteint un homme classé.

Il n'est de voleurs, de bandits et d'apaches que ceux que façonnent des lois individuelles jugeant le délit et non le commettant.

Seules des lois sociales de protection, d'assistance et d'instruction supprimeront graduellement les tares, l'hérédité, l'alcoolisme et, bientôt les meurtres, quand tous les hommes mangeront à leur faim, sans mendier et sans souffrir.

(Février 1906).

L'Assistance officielle

Tout ne va pour le mieux dans le moindre des mon-
des que les savants et les philosophes s'accordent à
reconnaître inférieur, dût en souffrir la vanité des hommes.

A pareille époque, chaque année, il est d'usage que
la grande vie reprenne son éclat, coïncidant étrange-
ment avec la période de chômage et d'indigence.

1905 semble d'une précocité excessive pour les malheureux.

Les rigueurs d'une température anormale ont déjà
fait quelques victimes. Le froid, c'est dans le désordre
des choses.

La République, malgré ses efforts pour améliorer
le triste sort des vaincus de l'existence, ne devrait
cependant se déclarer satisfaite. Quand se donnera-t-
elle la tâche d'éteindre, sur notre territoire, cette misère
qui ne fait pas les races grandes et fortes ?

En province, les administrations locales, à Paris,
l'assistance publique, ont déjà parcouru vers ce but
bien des étapes.

Mais ce dont il faut se pénétrer, c'est que l'aumône
indigne et l'assistance insuffisante, ne pourront jamais
rien sans le secours des lois sociales, maîtresses actuelles
des destinées de ce pays.

M. Mesureur a voulu calmer nos appréhensions légitimes devant le flux montant des miséreux et des sans-travail.

— Vous pensez qu'ici nous accomplissons un lourd devoir, nous dit-il, et ce qui, pour vous, peut n'être qu'une préoccupation passagère et généreuse, est notre vie de chaque jour.

J'ai vu que le froid avait déjà fermé des tombes, je sais que le contingent des nécessiteux a encore augmenté. Mais, déjà, toutes les mesures sont prises pour faire face aux besoins de la situation.

Les bureaux de bienfaisance sont avertis, ou le seront bientôt. Des instructions précises visant les bons de logement, de charbon et de pain, ont été données.

L'emploi judicieux qu'il sera fait des premiers, permettra d'assurer un gîte à tout malheureux et, cette année, nous espérons même intervenir plus largement dans ce sens.

— Vous comptez encore sur les quêtes ?

— Certes, il le faut bien, car nos ressources en numéraire ne suffiraient pas à tout assurer. Dans les arrondissements où elles ont encore lieu, la précocité des froids facilitera les commissaires pour obtenir davantage de l'esprit de solidarité.

— Cependant, ce moyen ne vous garantit une aide efficace !

— Malheureusement. Mais il faut que la population parisienne comprenne quelles charges énormes incombent à l'assistance publique, à l'instant où ses finances se restreignent de plus en plus.

M. Mesureur, dont la bonne volonté est hors de doute ne peut rien contre les chiffres ; l'abîme se creuse chaque année davantage entre ceux des crédits et le nombre des indigents.

— Les œuvres privées peuvent, dit-il, lorsque l'argent leur manque, suspendre leurs dons. Mais l'Assistance ne le peut pas. Si la misère s'accroît, elle est bien obligée de demander à son tour.

— C'est encore un appel au dévouement.

— Bien entendu, et à la générosité de ceux qui peuvent, pour ceux qui ont froid et faim.

Mais la corde est bien usée. Attendre secours de l'altruisme ou de l'assistance officielle pour assumer de telles charges, est un douloureux aveu d'impuissance sociale.

Les administrations d'assistance sont hors de cause. Ce sont des rouages qui tournent, consommant beaucoup de leur force, et qui en distribuent d'autant moins.

Puisque l'on frappe encore à la porte des gens riches, ne pourrait-on mieux les conseiller dans le but de rendre leur concours plus efficace ?

Hélas ! il faut compter avec la vanité, l'égoïsme, l'intolérance ; autant d'obstacles qui entravent l'œuvre de solidarité humaine.

Et les fêtes qui vont commencer, et la période du jour de l'an, avec son cortège de fastes et de plaisirs !

Comme si cela n'était assez, les entreprises religieuses drainent sans merci, d'un bout de l'année à l'autre, l'aumône pour des fins problématiques, lassant ainsi la bonté publique au moment où les pauvres en auraient le plus besoin, eux qui n'ont pas les moyens d'avoir même une croyance, car cela coûte fort cher.

Les bancs sont gelés, les piles de ponts mortelles.

Pendant que la joie de vivre va couler à pleins bords dans les mousses pétillantes, cent mille parias de notre belle capitale regarderont du dehors les fenêtres flamboyer et respireront la cuisine aux soupiraux des restaurants.

. . . .

Quand donc les lois bienfaisantes préserveront-elles à jamais l'humanité contre elle-même !

(Octobre 1905).

La Prostitution

Il est des morts qu'il faut tuer. Il est des lieux communs indéracinables dont notre esprit ne se peut débarrasser d'un seul coup.

Se prostituer, pour une femme, c'est vendre, au passant inconnu, son être sans amour.

Cette simple définition devrait s'appliquer à tout le sexe, sans aucune exception, puisque l'égalité physique à défaut de l'autre, règne, relativement, du haut en bas de l'échelle sociale.

Mais la mentalité des foules, pitoyables aux puissances, est implacable à la faiblesse.

Le métal corrupteur divise au sein même de son œuvre et, tandis que le mépris s'acharne sur les malheureuses du trottoir, l'admiration et la gloire encensent les grandes courtisanes.

Pour les unes, on a créé tout un système de contrôle sanitaire qui vise l'animal dans la femme ; une police spéciale les surveille et les traque, les exploite et les contraint à l'abjection. Des paniers cellulaires, des bâtisses infectes servent le plus souvent de séjour à ces êtres déchus.

Les qualificatifs insultants abondent. Ce sont des « filles » et bien d'autres femelles encore ; on les montre, on les frappe, on les chasse comme des louves féroces et cependant elles se dévouent à la bestialité masculine ; c'est la rançon du plaisir qu'à la presque totalité des mâles, jeunes, adultes ou séniles, elles ont donné.

Les causes de ce fléau social sont peu nombreuses.

Quand on a excepté le vice par définition, qu'excuse l'atavisme et les dégénérescences antérieures, on retrouve invariablement la misère à l'origine de la prostitution.

Le ménage de besogneux qui a une ou deux filles, et ne peut, faute de moyens, les mettre en pension chez Madame de Sévigné, en fait des ouvrières.

Après l'apprentissage au gain nul, les maigres journées à 1 fr. 50 ou 2 francs pour dix heures de travail ; la promiscuité de l'atelier, l'exemple néfaste, les besoins si compréhensibles de toilette, le goût du ruban, et aussi du jeune homme, enfin, la tentation de l'argent, la vie entr'aperçue plus facile, telle est la progression irrésistible que l'insuffisance du salaire féminin provoque automatiquement.

En proportions égales se comptent celles qui résistent et celles qui se livrent dans l'espoir du mariage. Ce dernier cas fournit les infanticides et les suicides.

Les mieux partagées sous le rapport des charmes se lancent dans la haute galanterie. Un plus grand nombre s'amuse en attendant un époux. Quelques-unes servent de rebut au total par leur disgrâce physique, et la majorité restante va, par besoin, par faim, quelquefois par dévouement, chercher de quoi vivre, sur l'asphalte, à minuit.

Comme le fils du forçat est gueux à son tour, l'enfant de la « fille » n'a pas à choisir. Se savoir au ban de la Société, remplir le rôle le plus avilissant qu'il soit sur terre, ne peut être un sujet de haut enseignement, une cause de profonde moralité ou de sublime vertu.

Et la femme qui tombe par nécessité, subit un entraînement plus fort que toute volonté. Il se peut qu'elle aime et qu'elle aide ; il se peut qu'elle trouve le rachat de sa détresse dans des sentiments qu'elle a le droit d'éprouver et de satisfaire. Que penser alors de ces maternités uniquement possibles par la perpétration du vice ; et qu'écrira le moraliste devant le lait de la prostitution ?

J'entends bien. On me répondra : « c'est très vrai ; mais ces filles atroces, fardées, grossières, obscènes ? » Et qui les a rendues ainsi ? Est-ce la bonne chère, le bain de son, le champagne ? Ou est-ce l'indigence des premiers ans, chez l'humble couple de travailleurs sans ressources et sans autorité ?

Il y a donc une responsabilité terrible pour notre inégale justice.

Voilà le côté *rue* ; il reste le côté *maison*, terreur des bourgeoises prudentes qui grondent en retenant leurs maris.

Des scandales, vite étouffés, ont prouvé cependant qu'un ignoble commerce de chair humaine se fait dans les grandes villes.

L'Etat lui-même, retire d'immondes bénéfices de la tolérance et l'abrite sous l'aile chaude de la loi.

Des policiers ont eu, ont encore et auront longtemps sans doute, des intérêts en de tels logis. Et c'est de notoriété flagrante que bien des *filles* sont obligées, pour *circuler* et *travailler* librement, de recourir à la haute protection, rémunérée en espèces et en nature, de l'un de ces messieurs des « mœurs ».

Je passe sous silence le commerce d'exportation.

Si vous allez à Londres, faites-vous donc conduire

à White-Chapel. Vous aurez honte sans doute d'être homme, si vous avez conscience de votre part de responsabilités dans le crime social qu'est la prostitution.

C'est, en effet, le crime des hommes. Souvent, celui qui, à une heure du matin, loin de son épouse confiante, entre en relation avec une pierreuse, ricane le lendemain de la voir partir près des gendarmes, pour le dépôt.

Il y a aussi le contingent des servantes mises à mal par le père ou le fils du logis, quelquefois par les deux. Pour éviter l'esclandre, on chasse l'intruse, alors qu'enceinte, et de bons juges se trouvent toujours pour la condamner après arrestation, au chef du meurtre de l'illégitime fruit.

Voilà pour quelle catégorie de misères les foules sont injustes. Leur profonde sottise donnait à Renan la notion de l'infini. Je le crois sans peine. Cette partialité dans l'opinion est d'autant moins compréhensible que la différence est infime, au point de départ, entre la jeune fille qui, un jour sera « pure et sans tache » et celle qui devra « tourner mal ».

Une rencontre, une union, une bonne place, le plus souvent, en décident. On ne devrait donc jamais se montrer impitoyable, mais *admettre* et *comprendre*, en attendant que des lois vraiment démocratiques règlementent le travail et le salaire du sexe faible de manière à lui assurer la vie normale dans la dignité. L'exploitation capitaliste doit encore mettre ce fléau à son actif, après les grèves, le chômage, les fusillades et l'alcool.

Pendant ce temps, nos théâtres subventionnés cou-

vrent d'or et de gemmes des prostituées pour monarques. Mais celles-là sont applaudies par la même foule
et enviées par les « honnestes femmes ».

(*Mars* 1906).

NOTE

Au frontispice du dernier livre de Victor Margueritte, se trouve
reproduit un extrait du magistral discours prononcé à Draguignan
le 14 octobre 1906, par le Président Clemenceau.

Je doute que l'or puisse de façon plus ardente, plus humaine,
parler du problème douloureux de la prostitution.

Victor Margueritte — je ne pourrais dire si c'est lui qui ennoblit
le sujet ou si le sujet ajoute à sa gloire (l'un et l'autre, je crois !) —
dresse en ce livre : « Prostituée », un plaidoyer vibrant et définitif
de la femme déchue, non sans entrevoir pour elle, l'aube prochaine
de sa rédemption.

C'est à peine si j'ose dire ma satisfaction d'avoir écrit, avant
les manifestations de ces deux valeureux hommes, l'article véhément et indigné auquel j'ajoute ce modeste commentaire.

Pour les bataillons

d'Afrique

UN DÉPART DE " JOYEUX "

J'ai déjà vu des scènes pénibles, douloureuses, mais jamais encore il ne me fut donné d'assister à d'aussi déchirants adieux que ceux dont le départ des soldats d'Afrique me rendit témoin.

Si un qualificatif, en la circonstance, est malséant, c'est bien celui de « joyeux », que revendiquent, du reste, les jeunes hommes appelés sous les drapeaux et dont le casier judiciaire n'est plus vierge.

Dès 9 heures du matin, les mesures sont prises à la gare de Bercy, pour assurer l'ordre de ce départ.

Il y a là des officiers de paix et de nombreux agents, ainsi qu'une compagnie de ligne, assistée d'un commandant-major et d'un aide qui doivent donner leurs soins en cas d'effusion sanglante.

Vers dix heures, les recrues commencent à arriver, et c'est, à la grille de la gare, un triste et inoubliable spectacle que de voir les dernières embrassades des parents ou des amis de ceux qui vont partir, car la famille n'est pas admise sur le quai d'embarquement.

Posté là, je regarde, ému, ces jeunes gens pour qui l'expiation commence. De quels crimes ? D'un vol, d'un coup de couteau, de peu de chose bien souvent, mais qui, tout de même, leur sera fatal.

* * *

On se demande, non sans peine, à quelle humanité ces individus peuvent bien appartenir. Le contraste qu'ils font avec les simples passants est singulier. La différence sociale s'accuse et accuse ceux qui en ont l'avantage.

Toute l'hérédité, toutes les tares ataviques se décèlent sur ces faces atroces ou douces, étranges pour le moins.

Un anthropologiste, un criminaliste retrouveraient, à ce lamentable rendez-vous, la filiation de l'alcool et de la misère.

Humblement, j'y ai découvert celle de la tendresse et de l'âme, de tous les bons sentiments étouffés sous la chappe dont la fatalité les accabla.

Ici, un vieux père grisonnant, pauvrement vêtu, pleure à chaudes larmes sur le sein de son fils, s'accrochant à lui pour ne pas chanceler.

Là, une petite blonde chétive et résignée, portant en ses bras un maigre bébé, retient désespérément un grand diable dont les yeux fixent au loin quelque chose invisible pour moi. La femme sanglote, le petit aussi, ne pouvant se décider à la séparation.

Les agents interviennent, et l'homme a ce tragique mot : « Laissez-la, c'est le cœur qui parle ! »

Vingt scènes semblables, provoquées par les mères, surtout, jettent le désarroi en l'esprit des assistants qui, tous, passent ou se retournent, bouleversés.

***

La rentrée s'est accomplie dans le plus grand ordre. Environ deux cents « joyeux » ont répondu à l'appel, sur trois cent cinquante. Ils emplissent le train spécial qui doit les déposer à Marseille. Devant les wagons, la troupe et la police font la haie et échangent, avec les partants, des sourires camarades.

Ils ne font que le bruit accoutumé des jeunes soldats, chantant un classique refrain pour tromper leur peine, interpellant les officiers, réclamant du pain ou des vivres.

Dans l'encadrement des portières, ces têtes courbées tout à l'heure, ont repris maintenant leur expression mauvaise. Tous semblent accepter le sort et se moquer de la vie. Le cynisme réapparaît.

Un cri : Vive le Père La Famille ! domine les autres, chaque fois que le capitaine Castelli, du 103e, va, donnant des ordres. C'est lui le chef du détachement. Avant qu'il monte dans son wagon, placé au milieu du « train spécial », je parviens à l'aborder.

Il répond, très aimable, et me dit combien de tous ces hommes, il est aimé.

— La tradition me suit au bataillon d'Afrique, car je sais traiter tout ce monde avec la douceur qui convient.

Je ris avec eux, je les écoute, je les comprends, et, là-bas, pour moi, ils se feraient tuer....

— Certes, mais les cadres inférieurs qui vont les recevoir comme des parias...

— Du tout ! ils seront bien traités... Entendez, du reste, comment ils m'appellent.

Le capitaine salue, sourit et s'éloigne ; mais mon doute subsiste à l'endroit des chaouchs qui vont accueillir tous ces hommes en vaincus et les accableront au lieu de les relever.

Pour beaucoup, c'est de la chair de bagne qu'on leur envoie ; les Joyeux qui, dès le premier jour, « se buteront », seront perdus.

Je me demande vraiment s'ils sont responsables, quand on connaît le milieu social dont ils sont sortis.

Dès le berceau, la misère ou l'indignité leur font cortège, précipitant la chute par l'inutilité de l'effort, d'avance vain.

. . . .

Ils sont partis pour la terre d'Afrique, très calmes, cette fois, contre toute attente, puisque la troupe était mobilisée ; beaucoup se sachant condamnés se laissent souvent aller aux dernières révoltes, comme l'an dernier. L'espoir, pour eux, est un mot vide de sens.

A midi et demie, le train quitta le quai, alors qu'ils agitaient leur casquette.

Dehors, j'ai retrouvé le père pleurant contre la grille et croisé la blonde au petit......, le fils qui, sans doute, à vingt ans, suivra la même destinée.

Ce sont cependant les « Joyeux ».

(Octobre 1905).

NOTE

Le programme du Cabinet Clemenceau comporte un projet de suppression des conseils de guerre. Cette réforme, si elle est votée, devra être complétée par la suppression des compagnies de discipline.

Celles-ci aggravent le mal en provoquant l'irrémédiable déchéance des hommes qu'elles ont pour mission de sauver.

La Réforme du Divorce

L'émotion soulevée par la question du divorce semble trop considérable pour ne pas aboutir, au-delà des généreuses campagnes de presse, à une sanction légale qui le modifie et l'élargisse dans un sens humain, plus en rapport avec la pensée moderne et l'indiscutable droit de la Femme à la liberté.

Le mouvement commencé dans les journaux par les vaillants frères Margueritte, continué sous leur plume par le livre et porté au théâtre, a gagné ceux qui, au Palais, mènent le bon combat pour la justice égale des sexes, contre les survivances religieuses et conventionnelles, si vivaces dans notre législation.

Tour à tour, les présidents Magnaud, Bulot et Séré de Rivières ont apporté leur contribution à cette œuvre d'assainissement moral, car les articles du code ayant trait au divorce sont encore tout imprégnés de la puissance mauvaise du mâle.

C'est au juriste Séré de Rivières, dont une haute compréhension de la justice sociale garantit l'impartialité, que j'ai demandé l'opinion.

Selon lui, la réforme du divorce est absolument nécessaire. L'opposition d'un conjoint constitue, en effet, une iniquité morale car il est permis de constater qu'à l'origine, le consentement des deux époux est souvent spontané.

C'est toujours par la suite que l'un d'eux, revenant sur son intention première, prononce un refus définitif.

Et plus généralement le mari, pour des raisons de façade, par crainte du ridicule ou par intérêt matériel.

Nulle situation n'est plus douloureuse que celle qui résulte de ces trois cas.

Ils ont d'ailleurs servi de thème à d'émouvantes œuvres scéniques: *Les Tenailles*, de Paul Hervieu ; *Le Cœur et la Loi*, des Margueritte ; *Le Joug.*

Ce n'est certes pas l'assistance judiciaire qui peut encore soutenir la femme contre le mari, détenteur légal des ressources de la communauté, car le moyen est inefficace. Aussi, le divorce onéreux profite-t-il toujours à ce dernier.

De plus, les demandes d'assistance affluent en trop grand nombre et l'on n'arrive à leur donner suite qu'à l'aide de certains procédés n'ayant de légaux que le nom ; par exemple l'absence d'enquête régulière : celle-ci doit être faite sous la foi du serment devant un juge et son greffier. L'assistance s'en passe et désunit sur simple constat de police. Cette procédure scabreuse est généralement à l'avantage de l'époux.

Ce qu'il faut donc, c'est une loi rétablissant la personnalité de la Femme, mettant son salaire à l'abri du mari, si elle travaille, et lui permettant de nourrir sa progéniture après séparation ; lui rendant tous ses droits et sa liberté. Une proposition en ce sens est bien pendante devant le Sénat, mais il est malheureusement à craindre qu'elle séjourne plus que d'usage dans les commissions.

Cette loi en faveur de la Femme consacrerait sans doute une nouvelle procédure du divorce.

Présentement, l'adultère est un délit dont la constatation ne vise plus qu'à se faire libérer du joug marital. Mais, comme dans le *Cœur et la Loi*, il est des cas où l'on ne peut le reconnaître ainsi. C'est alors une existence atroce pour la victime impuissante. Qu'il y ait, après cette constatation, ordonnance de non-lieu, ou comparution devant les tribunaux, l'homme est passible d'amende et la femme de prison.

Mais cette inégalité, cependant que les torts peuvent être tous du côté masculin, est si odieuse que l'on n'ose plus faire subir la peine d'emprisonnement.

Et bientôt, l'avenir nous dira si la raison et l'équité ne l'emporteront pas sur le préjugé et l'injustice.

Déjà, l'on a brisé bien des servitudes : l'empêchement de liens entre la divorcée et son amant, la suppression des ressources à la mère remariée. Il faut maintenant le divorce par la volonté d'un seul et non plus le maintien de l'esclavage de la femme : l'homme, législateur, a trop abusé de *sa* loi.

Nous ne sommes plus sous l'ancien régime, mais en route vers l'union libre, seul criterium du véritable amour.

(Novembre 1905).

NOTE

Il s'est constitué depuis peu, un Comité dit de « Réforme du Mariage » présidé par Mᵉ Henri Coulon, du barreau de Paris.

Grâce à ses efforts, bien de petites modifications ont été apportées au texte du Code civil.

Et déjà le Sénat a sanctionné le droit des « complices » (lisez, par ce mot odieux, les deux êtres qui s'aiment) à s'unir après notification du divorce.

De même, il leur a reconnu le droit de légitimer l'enfant adultérin.

Depuis cinquante ans, les esprits libres et les penseurs réclamaient ces modestes réformes.

Quels crimes contre l'être et contre la conscience le code napoléonien permettra-t-il encore !

La Relégation des femmes

Le ministre des colonies vient de s'honorer par une généreuse initiative. Il a, en effet, décidé de « faire supprimer » dans l'article 4 de la première loi Bérenger, le paragraphe visant la relégation des femmes.

Mais cette décision, tout humanitaire, ne peut avoir de sanction officielle que par l'assentiment des ministres de la justice et de l'intérieur, car M. Clémentel, malgré son beau geste, n'est chargé que d'appliquer la loi, non de la modifier.

Ses collègues, une fois saisis de la proposition, la transformeront en un décret qui réparera dans la mesure du possible *une injustice flagrante qui dure depuis vingt ans.*

L'un de nos amis, docteur en droit, a jadis soutenu une thèse sur la matière qui nous occupe aujourd'hui, celle de la relégation.

Il s'est fait un plaisir de nous guider rapidement dans le maquis du code pénal.

Voici le fait brutal, odieux, inique :

Une femme coupable de crime et condammée aux travaux forcés, *n'est pas transportée dans les bagnes,* mais purge sa peine dans les maisons centrales de France, alors qu'une malheureuse, simplement récidiviste de vols, *non criminelle,* est *automatiquement condamnée à la relégation*, c'est-à-dire à *l'envoi et au séjour perpétuel* dans les pénitenciers de la Guyane.

— Mais comment cet état de choses révoltant a-t-il pu exister tant d'années ?

— De ce fait que les femmes ainsi condamnées, sont peu nombreuses et que, jusqu'ici, leur cas n'avait intéressé personne.

— Exquis !... Et combien en relègue-t-on de ces tristes victimes ?...

— Sept ou huit par an. Du reste, voici comment la Justice opère pour ce genre de condamnations. Vu le petit nombre de récidivistes, celles-ci sont internées en France pendant deux ou trois années ; puis, dès que l'on a une vingtaine de prisonnières, on fait un « départ » et elles vont misérablement terminer leur existence aux rives du fleuve Maroni.

— Cette loi de 1885 fut en somme la première loi de « clémence », toutes proportions gardées ?

— Oui, elle était destinée surtout à lutter contre « l'armée du crime » ; et son article 4 — côté hommes — visait surtout l'apache naissant et le souteneur.

— Et pour les femmes ?

— Ce que vous savez et que l'on veut abroger.

Il est inadmissible que l'on traite le sexe faible, même coupable, avec la rigueur que l'autre peut supporter.

— Mais, à la Guyane, quel est le régime de ces nouvelles victimes de la loi ?

— A peu près celui des autres détenus.

— Et, parmi les femmes provenant des dépôts dont vous m'avez parlé.

— Montpellier, Rennes ?

— Oui...

— N'y a-t-il pas des mères ?

— Souvent ; le régime demeure cependant pareil. Les locaux qui les reçoivent *sont indignes d'elles*, au triple point de vue de l'hygiène, du relatif bien-être et de la moralité...

Il importe donc que l'effort du ministre des colonies ne demeure pas vain.

Cette iniquité est trop révoltante pour ne pas être détruite.

Il le faut, au nom de la plus élémentaire, de la plus humaine justice, celle que nous n'avons pas encore su réaliser pour des femmes ! pour des mères....

(Septembre 1905).

NOTE

Depuis deux ans, époque à laquelle remonte cette initiative, l'abrogation est en suspens. Thémis marche avec des béquilles.

Commentaire d'Histoire

Un mien ami, qui, présentement, visite les châteaux de Touraine, m'envoie, en témoignage sympathique, un petit livret de quatre illustrations du donjon d'Amboise.

Ces vues s'accompagnent de légendes prises aux meilleures sources historiques et, comme telles, signées.

J'ai eu, pour mon malheur, la curiosité de les lire.

Quelques instants avant n'avais-je déjà parcouru les atroces détails des répressions tzaristes !

Mon esprit, aussitôt, compara ces horreurs.

Ceux qui liront les lignes suivantes, que je transcris fidèlement des légendes en question, se persuaderont, comme moi, de la parenté des crimes du droit divin, que les bourreaux couronnés sévissent sur la France, l'Arménie ou la Russie. Kitchineff ! Amboise !

Quel échantillon des plaisirs royaux, à l'époque où Dieu protégeait encore le Roy et la France !

C'est en 1560 qu'eut lieu la fameuse Conjuration formée par Condé et les Huguenots, contre François II, Catherine de Médicis et les Guises.

. La Cour de France ne se trouvant pas en sûreté à Blois, se transporta à Amboise.

Cette résolution força la Renaudie, chef des conjurés, à remettre au 17 mars le coup de main d'abord fixé au 10, retard qui perdit tout.

Je cite :

« *Les supplices des conjurés durèrent un mois entier. Le sang coulait dans le château et dans la ville.*

On tuait de jour et de nuit par le fer, par le feu, par l'eau, par la corde, de telle sorte que la Loire était couverte d'hommes noyés, les rues plantées de gibets et ruis-

*selantes de sang, les murailles tapissées de corps morts
pendillants.*

*Le roi et ses jeunes frères, Catherine de Médicis, la
jeune Marie Stuart et les dames de la cour assistaient
à ces horribles spectacles, du haut de la grosse tour qui
domine le fleuve.* »　　　　(LOISELEUR, historien.)

N'est-ce là ce que les Russes appellent un pogrome ?

Ceux qui auraient oublié les causes de cette conspiration se souviendront avec moi de la toute-puissance
catholique sous François II et Charles IX, fils de la
féroce Catherine, persécutrice inassouvie de ces malheureux protestants. (Massacres de Vassy, d'Amboise
et de la Saint-Barthélemy).

350 ans nous séparent de ces âges bienheureux où les
petits princes et les dames de la cour (frémis, Arthur
Meyer), regardaient supplicier des Français, les premiers
champions de la Pensée libre contre la doctrine du
catholique amour. (Le Syllabus n'existait pas encore !)

Quel délicieux « five o'clock ! »... Non, ce n'est pas
la République qui pourrait en offrir de pareils.

Et quand je lis les réclamations de la presse conservatrice au sujet de la loi de séparation, après avoir
constaté la différence des deux manières de « persécuter », je me permets de sourire :

nous oublions trop facilement l'Histoire.

Quelle statistique universelle ne dresserait-on pas,
cependant, des milliers de crimes commis par *toutes*
les religions.

Il est vrai qu'après les tortures terrestres, elles offrent, sans exception, une place confortable au ciel.

Mais il n'y a que les monarques pour décréter de
tels massacres au nom des divinités métaphysiques
dont la naïveté des peuples les croit investis.

　　　　　　　　　　　　　　(Octobre 1906).

Chapitre III.

PRÉVOYANCE ET TRAVAIL

I. **Les Pêcheurs de Terre-Neuve.**
II. **Le Sport, dérivatif.**
III. **La " Maison du Travail " de Thiais.**
IV. **Une Grève de Femmes.**
V. **La Houille Blanche.**
VI.-VII. **Allocutions.**

Les Pêcheurs de Terre-Neuve

Le nom amuse. Il est évocatif à plus d'un titre. Le peintre de marines, qui fait des originaux pour calendriers de jour de l'an, ne manque pas de représenter son homme dans un surroît luisant et neuf, le chef couvert de la classique cape en forme de morion médiéval, puis les grandes bottes hautes et confortables, préservant jusqu'à l'aine les extrémités inférieures.

Notre pêcheur tient un gouvernail en bois des îles, verni et cuivré, sur une embarcation de musée.

La mer est d'huile, et bleue comme le ciel. Un vol de mouettes à droite et à gauche complète ce séduisant ensemble.

Enfin, dernier détail, le mathurin sourit dans une bonne face rubiconde, quoique ridée, et tient une solide pipe entre ses dents.

Tel est le marin archétype dont se hanteront les juvéniles cervelles, à l'âge où la mer est symbolisée par la plage de Trouville pendant la saison des bains.

Le barde breton, autre espèce trompeuse, chantera sur le mode lyrique un pêcheur analogue. Le couplet ne permettant pas le détail du costume, notre rimailleur s'étendra non sans complaisance sur la forme du bateau : col de cygne, voiles blanches, ailes d'alcyons, couchette, croix de buis, océan, paimpolaise, etc.

A lire ou à entendre, il ne manque plus que *Lohengrin* à ces départs émouvants pour la pêche à la morue.

Qu'importe. La chanson larmoyante des « bardes » sait attendrir le citadin qui, lui, finit par concevoir la mangeuse d'hommes à travers ces menteuses évocations de la palette et du refrain.

Ut pictura poesis !...

Où diable les Muses vont-elles se nicher.

De l'homme, que faudrait-il redire qui ne soit déjà connu des esprits raisonnables. Pêcheur dès l'enfance, vivant de l'élément dont il est en quelque sorte issu, il devient, à sa majorité, inscrit maritime comme l'ouvrier devient soldat. Mais, à l'encontre de ce dernier, pour qui cette militarisation est temporaire, le marin, lui, reste à perpétuité la chose de lois spéciales ; son métier, c'est sa vie, ou inversement, et des ordonnances remontant à Colbert, le régentent encore.

Lors des dernières grèves de Marseille, nous eûmes l'occasion d'en lire quelques édifiants extraits.

Inutile de dire que le fait d'être inscrit maritime permet tous les abus que l'on peut commettre sur des gens, en général ignorants, et courbés sous ce qui leur semble un éternel destin.

Messieurs les armateurs, ceux-là même qui, en temps de paix, ont plein pouvoir sur les inscrits puisqu'ils détiennent leur pain et celui de la famille, tirent à merveille profit de la situation.

Aux malheureux gains dont je parlerai tout à l'heure, mille restrictions sont faites en faveur, bien entendu, de la caisse patronale.

Mais cela n'est rien encore à comparer au sort de ces humbles, lorsqu'ils sont aux prises dans les régions septentrionales, avec la pêche future.

Les bâtiments armés pour la campagne de Terre-Neuve emportent tous les ans une population de plusieurs milliers d'hommes. On sait qu'ils n'en reviennent pas tous. Cela, du reste, pour les armateurs, n'a qu'une importance relative. L'inscription maritime est pour eux une pépinière où ils trouvent du bétail humain à bon compte et bien dressé, soumis au « civil » comme au « militaire » sans espoir de révolte, quoi qu'on en pense.

Ces bâtiments, vieux tous, démodés, rapiécés, fourbus, résistant plus ou moins bien aux flots (l'an dernier, deux sombrèrent pour cette raison majeure) sont, intérieurement, le siège béni de la vermine.

La pourriture du bois, les déchets de poisson, l'ordure et la malpropreté constituent le foyer unique où les Terre-Neuvas, pendant les mois de la campagne, vivent, dorment et mangent.

Et boivent aussi.

L'alcool, les conserves, font les frais de cette alimentation insuffisante à des hommes qui fournissent un labeur de jour et de nuit.

Un procès, en 1904, passionna quelque temps l'opinion par les révélations étranges qui furent faites devant le tribunal.

Il y avait eu des novices privés de nourriture, forcés au travail, sans repos, gelés et morts dans des conditions jamais bien éclaircies.

Mais on sait qu'en permanence, une eau-de-vie atroce est distribuée qui, paraît-il, entretient la force et l'ivresse indispensables pour accomplir, sans peur, le pire métier que l'on ait jamais connu.

Le savon, la toilette, le linge propre n'existent pas. Quatre mois durant, ces êtres restent dans l'unique vêtement qu'ils emportent.

On dort ainsi, au petit bonheur et dans quelles innomables conditions !

Le scorbut ronge les gencives et les lèvres ; le froid fait crever et saigner les mains toujours dans l'eau salée.

La vie, le mouvement ne sont que temporairement
à bord. Le bâtiment central emmène ses « doris », frêles
embarcations que montent les terre-neuvas pour aller
placer leurs filets.

Les doris se détachent donc comme autant de cha-
loupes et vont, dans la nuit ou le brouillard, à plusieurs
lieues parfois, de la grande nef, accomplir ce périlleux
travail.

Bien souvent, à chaque campagne, alors que les
éléments sont déchaînés, un rapide steamer à cabines
de luxe passe au milieu des esquifs sans s'annoncer, les
chavire avec les filets et les hommes. Un détail dont
les veuves seules, pleureront.

Sans accident, les filets reviennent pleins à bord où
l'on compte et prépare les morues, cargaison précieuse
qui coûte tant de souffrances physiques à ceux qui la
capturent et tant de bénéfices à ceux qui sont restés
en France, les armateurs.

Les salaires de famine touchés par les terre-neuvas
au retour de la pêche vont encore être diminués.

Jusqu'ici, cinq à sept mois de labeur, dans ces conditions dont un chien ne voudrait, rapportaient de 150
à 300 francs par homme, rien pour eux n'étant assuré
par la loi.

Le bon plaisir patronal a, sans nul doute, pensé que
ces gains étaient par trop élevés.

Un compte savant « à la pièce » vient d'être établi.

Le premier mille de morues ne compte pas — c'est
comme en musique — les autres mille donneront droit
à celui qui les aura pris, à des gratifications subtile-
ment distribuées, suivant une échelle remarquable.
Le résultat net, pour le pêcheur qui se sera exténué
à la gravir toute, correspondra à une diminution de

50 à 100 fr. en moyenne sur l'ancien mode de paiement à la prime et au « denier à Dieu ». On se demande encore ce que celui-ci vient faire là-dedans.

Ce dieu des exploiteurs a l'ironie cruelle.

Notez que, par ce système inédit, le bateau dont la tempête aura compromis la pêche, garantira la complète misère de son équipage au jour du paiement. Autre détail.

Les petits, sans pain et sans chemise, les femmes éplorées qui passent dans les transes la rude saison de Terre-Neuve, autant de considérations indifférentes aux armateurs de la République.

Ne verra-t-on pas, au Parlement, des hommes de cœur se lever pour faire cesser un pareil régime ? N'y aura-t-il donc des crédits et des lois que pour les primes scandaleuses aux navires, sans un peu de bien-être à ceux qui les montent ?

Les hommes que l'on appellera au jour du danger à la défense des côtes n'ont-ils pas droit à la dignité et au soleil en temps de paix !

Comme tous ces esclaves de la mer et du capital seraient heureux d'être au bagne !

Et l'on parle de travaux forcés !

(Novembre 1905).

NOTE

L. H. Roblin, député socialiste de la Nièvre, dans l'*Humanité* du 19 octobre 1907, a écrit, pensée pour pensée, le même article sous ce titre : *Forçats de la Mer.*

Ce sont les propres termes de ma conclusion.

J'en déduis, malgré le long intervalle de temps qui sépare ces deux plaidoyers, que la question n'est pas encore résolue. Heureusement ! Nous sommes en démocratie : quelle honte pour le pays de la Révolution !

Le Sport, dérivatif.

Je m'.. suis souvent et longtemps demandé pourquoi une certaine catégorie du monde travailleur restait en dehors de toute idée nouvelle, entravait, inconsciente, le mouvement évolutif, en un mot, faisait remous dans le vaste courant qui emporte la démocratie tout entière vers de supérieures destinées.

Dans la lutte pour cette conquête, l'élément ouvrier montre, au premier rang, une opiniâtreté qui est en raison de sa peine ; on ne peut véritablement, à celui qui crée de ses mains la richesse nationale, contester le droit de vouloir améliorer sa vie, son droit imprescriptible au sort meilleur.

Certes, cette lutte ne va pas sans heurt ; toute émancipation veut son équivalent de souffrances et, bien souvent, l'âpreté du combat, le désir de vaincre entraînent à des résolutions regrettables. La volonté est parfois mauvaise conseillère quand elle naît de trop de privations et de trop de douleurs.

Mais, au moins, celui qui comprend ainsi son rôle ne se dérobe-t-il pas aux coups, risque-t-il son existence et celle des siens, accepte-t-il la conséquence de ses actes.

C'est le cas de la classe ouvrière, toujours excusée en ses égarements, parce que bonne et sincère, encore ignorante ; parce qu'elle est tout le Peuple et paye de son labeur et de son sang ; parce qu'elle est le meilleur de la race et son espoir.

La République, en revanche, veut lui préparer des lois plus douces, l'affranchir de la servitude trop longue du corps et de l'esprit. C'est bien.

Mais le contingent du travail comporte d'autres forces. Si l'industrie domine avec la cotte bleue, le commerce en veston figure également dans le nombre. Malheureusement, et à de rares exceptions, ses effectifs ne luttent pas pour la bonne cause.

En ce milieu spécial, tout effort est vain, les bras s'agitent, les mots tombent sans portée, car on ne sait ce que l'on veut et où l'on va.

C'est la partie toujours faillante de l'armée démocratique, la troupe des défections, et des passages à l'ennemi.

Et cependant qui, plus que le prolétaire en drap noir, a besoin d'être émancipé ; qui, plus que lui, porte derrière le front un cerveau inculte ; qui, davantage encore, a besoin d'être protégé contre l'exploitation ?

Mais ainsi vont les hommes. Le fait d'être mieux vêtu, plus propre, d'écouler son temps dans des conditions à peu près normales d'hygiène et de dignité, produit une mentalité qui n'est pas celle du métier manuel.

On se croit supérieur à l'artisan et l'on ne fraternise pas avec lui ; c'est dégénérer que d'avoir des opinions républicaines ; du reste, par habitude et soumission n'est-il plus commode d'adopter celles du livre de caisse ?

Puis, selon les ordres patronaux on est là pour « faire des affaires » (ironie !) en oubliant le devoir civique, sinon pour porter le bon bulletin au camp adverse.

Ainsi, ce salariat bizarre aide à la construction des castelets modernes, participe au retour d'une féodalité d'argent.

Encore n'est-il pas dispensé de génuflexions aux

lieux saints, Dieu protégeant la France et les pièces de
monnaie.

Tout cela est admirable. Et l'employeur pour manifester quelque gratitude à son fidèle serf, le retient, le
soir, non à dîner, hélas, mais au comptoir passé l'heure,
toutes portes closes ; histoire de vérifier les chiffres.
A la caisse de philantropie, se versent les amendes
fixées pour les retards.

Puis il y a le silencieux renvoi sans recours possible,
manière d'aller pendre ailleurs une jaquette lustrée
déjà. C'est ainsi que la « Gueuse » étrangle.

A cela, plusieurs raisons. Je me contenterai, aujour-
d'hui, de légitimer le titre de cette brève étude, car
son sujet est assez complexe pour dépasser le cadre
qui m'est réservé.

En premier lieu, se constate l'indécrottable sottise
que donne la vanité, la contemplation du « soi », la
certitude d'une supériorité imaginaire sur les foules,
la conviction d'être indispensable et la prétention
d'être remarqué dans la rue — au moins au faux-col
démesuré — par le sexe faible.

En joignant à cela une crasse ignorance de toutes
choses — élément de fierté pour un scythe — on arrive
presque à comprendre et, par conséquent à excuser
l'état régressif de cette catégorie de salariés.

Leur instruction primaire, qui n'est pas toujours
laïque, semble les dispenser à jamais d'ouvrir un livre.
Dès lors, la vie sociale est pour eux négligeable. De
vingt à trente ans, période de belle jeunesse, grave de dé-
cisions engageant l'avenir, nulle préoccupation d'esprit,
nul effort d'émancipation, de groupement, de solidarité
pratique, immédiate, rassurante. On ne s'unit que pour
le *sport*. Le sport, intense panacée donnant toutes joies,
tous délires, source inépuisable de force et de santé.

— (Jean, va voir s'ils reviennent, les éclopés, les tuberculeux, les écrasés, les disparus par cent milliers, les morts, les noyés, les insolés, les fous). Ah! mais oui.

Et, à de rares exceptions près, je l'ai dit, tous ceux dont le négoce occupe les bras, soit en petit nombre dans la boutique, soit en grand dans le vaste magasin, Babylone de la Mode, s'adonnent aux multiples sports avec frénésie, irréflexion, inconséquence, comme obéissant à une nécessité supérieure aux ordres impératifs.

C'est d'abord, le matin, la ruée aux journaux spéciaux, roses ou verts pâle, commentant les performances, les assauts, les matches, indiquant les réunions, biographiant les favoris. Et, la tête pleine de cette étrange nourriture, on consacre bientôt soirées, fêtes, dimanches, repos et loisirs, soit aux manifestations d'enthousiasme, soit à la culture du muscle-dieu.

Il y a des responsables à cet état de choses, je le démontrerai prochainement : ce sont ceux qui trouvent dans l'orientation des jeunes vers la force physique, un puissant dérivatif à la poussée intellectuelle, présage d'affranchissement matériel.

Deuxième article

L'article précédent m'a valu quelques remarques de la part de bienveillants lecteurs intéressés, sans doute, à la question du sport comme je l'ai envisagée.

Je dois dire qu'ils ont anticipé sur mes conclusions.

Certes, et cela me semblait si naturel que je comptais le passer sous silence, je ne nie point la nécessité de l'exercice physique, indispensable à l'hygiène, à la santé.

L'existence peu enviable du travailleur des villes oblige de plus en plus celui-ci à l'exode aux champs, au grand air ; les marches et promenades dominicales ne doivent, pour cela, dépasser une limite que le bon sens de chacun doit seul fixer.

Mais l'ardeur sportive actuelle voisine mal avec la logique et la raison.

La plupart de ceux qui s'y livrent d'une façon outrancière, ne se rendent pas compte qu'ils subissent l'exemple des « professionnels ».

Ils cumulent donc, avec la fatigue de leur travail propre, celle d'un entraînement abusif pratiqué la journée finie, ou pendant les heures du repos hebdomadaire, quand on veut bien le leur accorder.

Il n'est pas possible de blâmer sincèrement ceux qu'une presse spéciale vante chaque jour ; il n'est pas possible non plus d'empêcher ces « hommes de sport », de vivre d'occupations aussi lucratives que dangereuses.

Les responsables de cette mentalité sont, à vrai dire, les participants de la classe oisive et dorée, dont l'encombrante foule garnit les champs de courses, les pistes, les routes, les clubs.

Toujours à l'affût de la réclame et de l'argent, elle a créé de toutes pièces la vie factice et démente des sports, au mirage de plus en plus éblouissant.

Ses prouesses, ses fastes ont lentement gagné l'élément laborieux qui nous intéresse, et drainé ses ressources, ses forces, vers d'autres initiatives.

Pendant ce temps, les compagnons du vrai travail s'organisent, développent leurs groupes, s'instruisent, cherchent, s'élèvent, alors que les autres s'hypnotisent à la conquête des " coupes " et des records.

Nul raisonnement ne leur ôtera la conviction de l'importance du biceps et des mollets pour vivre ; il faut bien imiter les jeunes snobs.

De récents événements politiques ont fait encore voir sous autre jour cette déviation curieuse.

Lors de l'inventaire des biens d'églises, on a pu constater la présence, dans les lieux saints, de toute la jeunesse des écoles chrétiennes, et son effort véhément n'a pas peu contribué à la résistance aux lois.

C'est que, depuis des années, l'esprit laïque du bloc de gauche avait alarmé, puis averti les grands éducateurs ignorantins, de la séparation prochaine.

De longue main, la défense fut préparée ; les programmes scolaires, modifiés, accordèrent une plus large place à la culture physique sous toutes ses formes et ce n'est pas la faute de Dieu si la dernière tentative de chouannerie a misérablement avorté.

Cette incidente sur la question fournit cependant un point corrélatif de plus entre les effets et les causes : l'alliance tacite du monde aisé, qui se dépense en manifestations musculaires, et l'application intensive de ses méthodes à l'éducation de l'adolescence pieusement élevée.

Voilà à quel mouvement participe, d'une façon inconsciente, je le répète, la meilleure partie des salariés du commerce, en ce pays comme chez nos voisins.

Nulle ville qui n'ait ses couleurs de cyclisme, de canotage, de foot ball, de gymnastique, au détriment d'un logique exercice dans le repos, et d'une participation normale à l'affranchissement prolétarien.

Cette masse transfuge sert encore, sans le savoir, de rempart aux réactions battues. Elle fait, entre parenthèse, chez nous, le meilleur des élections nationalistes, avec le petit et le grand patronat, avec le personnel subalterne dont le négoce utilise les services. Et s'il subsistait un doute sur la duplicité des employeurs, il n'y aurait qu'à dénombrer les grandes maisons de vente qui encouragent leurs employés à la formation d'équipes de « rugby » ou de « cricket » et les président effectivement.

C'est, pour ceux-là, une façon d'accroître les liens d'une autorité, d'un contrôle de bon aloi qui se continue même hors le magasin, bagne libre, au sein de la société de secours, oh combien mutuels !

Ce grand amour de la servitude a sa récompense : la journée de douze, quatorze, quinze heures, debout sur les mêmes jambes, le dérisoire salaire, le bref renvoi sans le bénéfice de la grève légale, r révue par nos codes en faveur des trop exploités.

Telles sont les conséquences, inattendues certes, de l'épidémie de sport qui sévit depuis quelques années.

Les responsables doivent être oubliés ; mais c'est aux journaux, aux revues, aux cercles républicains de comprendre leur rôle éducateur et de faire revenir, chez des individus vraisemblablement sains au physique, un esprit plus sain encore, conscient de ses responsabilités sociales.

En effet, quiconque n'avance, n'évolue pas, recule, devient sa propre victime et diminue d'autant l'effort général.

C'est le devoir commun de combattre et de dériver ce « dérivatif » dans l'intérêt vital de la Démocratie.

(Mars-Avril 1906).

SPORT ET POLITIQUE
(Appendice)

Sous ce titre, l'*Aurore* du 7 juin 1906 publie un filet significatif qui fournit une indiscutable preuve à l'appui des conclusions du *Dérivatif* traité ici même, en deux articles par notre collaborateur Henri-Martin.

Voici ce qu'écrit notre confrère à la date précitée.

« La politique se glisse partout et jusque dans les sociétés de gymnastique, comme vous allez bien le voir.

Il existe à Chartres une Association Jeanne d'Arc qui se propose les buts les plus divers. Elle veut pourvoir en même temps à l'éducation physique, morale et intellectuelle de ses membres par des « distractions honnêtes » et à « l'étude et à la réalisation pratique de toutes les questions économiques et sociales ». Sa Grandeur Monseigneur Bouquet protège l'Association chartraine, qui ne manque pas d'avoir besoin des inspirations les plus hautes pour réussir dans la lourde tâche qu'elle a assumée.

Parmi « les distractions honnêtes » figurent la gymnastique. Nous ne pouvons qu'en féliciter les dirigeants de l'œuvre. Les prêtres et les jeunes gens des écoles chrétiennes gagneront sans doute à sa pratique des visages plus souriants.

Mais la société de gymnastique de l'association Jeanne d'Arc a prétendu être admise dans l'Union des sociétés de gymnastique de France et elle y est parvenue. C'est là que commence notre étonnement. Plusieurs de nos amis ont très justement fait valoir au congrès de Tourcoing que la politique ne devait point avoir accès dans les groupes formés pour aider au développement physique des jeunes générations. Ils communiquèrent aux personnes autorisées le bulletin de l'Association Jeanne d'Arc, les priant de lire cet appel à l'insurrection contre la loi de séparation, paru dans le numéro de mars et signé de M. l'abbé de Boislaville :

« Partout les catholiques se sont levés pour défendre la liberté, partout ceux qui gardent au cœur un reste de la foi de nos ancêtres ont lutté contre ce vol légal, ne reculant ni devant la force ni devant les coups, ni devant la

prison... Sachez comme eux lutter énergiquement. » Rien n'y fit. M. Cazalet parla en faveur de l'admission et eut gain de cause !!!

Nous ne pouvons que nous élever contre l'indulgence sereine du congrès. L'Union des sociétés de gymnastique de France n'est pas libre de s'immiscer à son gré dans les luttes politiques. Elle reçoit de différents ministères de fortes subventions. Ce n'est pas évidemment pour parfaire les biceps des assommeurs cléricaux. »

En effet !

Nous joignons nos protestations à celles de l'*Aurore*. Il ne faut cependant perdre de vue la curieuse personnalité de M. Cazalet.

Ceux qui le connaissent ne seront pas, outre mesure, étonnés de son attitude.

NOTE

Je suis tout surpris de lire, à vingt mois d'intervalle, mes restrictions au sujet du repos hebdomadaire et de la mutualité « de classe » contre laquelle je me suis de tout temps élevé.

Ces constatations sont toujours actuelles.

En ce qui concerne les pugilats auxquels les inventaires des biens d'Eglises servirent de prétexte, je fus assez satisfait d'avoir l'approbation motivée de Madame Séverine. Quelque temps après paraissait la note de l'*Aurore*, reproduite dans la revue pour souligner la portée de mes articles, note que je rétablis ici à leur suite.

La " Maison du Travail " de Thiais

Nous avons bien changé de siècle, mais le code qui régit la société actuelle est resté immuable dans sa forme et ses effets.

La procédure d'instruction criminelle de 1808, le code pénal de 1810, constituent malheureusement toujours, en France, la base de notre justice répressive.

Malgré trois révolutions : 1830, 1848, 1871, malgré la chute de deux empires et l'avènement de trois républiques, l'œuvre néfaste du despote aux cheveux plats a survécu. Hier, c'était le Concordat que l'irrésistible assaut de la Raison emportait après cent ans de luttes ininterrompues. Bientôt, sans doute, le Code fera-t-il peau neuve, dépouillé qu'il est, chaque jour, de ses survivances oppressives, pour être mis en harmonie avec l'esprit moderne orienté vers un idéal plus humain.

Déjà, le cabinet du juge d'instruction s'est ouvert devant l'avocat défenseur ; puis la « loi de sursis » a mis un premier baume sur la plaie légale ; demain la « loi de pardon » complétera celle-ci, permettant au juge d'absoudre certains hommes vaincus par la vie dans la mêlée sociale, en dépit de leurs efforts.

Ainsi pensa M. Louis André, quand il était encore procureur de la République à Chartres.

Ayant vu, en son cabinet, défiler tant de lamentables victimes de la misère, il ne sut demeurer indifférent aux responsabilités morales de sa charge et, au lieu de se servir automatiquement des rouages de la justice pour condamner, il essaya de les adoucir.

C'est ainsi que la constatation quotidienne des tristesses humaines, des fatalités sociales, l'amenèrent à considérer les origines de ce que l'on appelle cyniquement « l'armée du crime », crime où nous avons tous une part ; il y découvrit les chômeurs forcés, les sans-travail, les incapables physiques ou moraux, malgré eux trahis par leurs frères, et aspirant comme eux à une normale existence.

Cependant, l'implacable loi fait de tous ces individus, des vagabonds, des êtres dangereux, les broie sous ses meules, pour les jeter de la misère à la prison, de la prison au bagne, quand ils échappent à l'échafaud.

M. Louis André n'eut plus qu'un désir, celui de tendre la perche à ces déshérités avant l'irrémédiable chute.

*
* *

En 1896 donc, à Chartres, M. André fonda sa Maison du Travail, assisté, en cette tentative, par M. Léguillon, gardien-chef de la prison de cette ville, qui, déjà se vouait au sauvetage moral de ses jeunes détenus. Avec une obstination d'apôtre, ils commencèrent.

L'institution nouvelle devait recevoir :

1° Les ouvriers sans travail et sans ressources ;

2° Les passagers nécessiteux ;

3° Les détenus libérés.

Elle n'admettait définitivement que les hommes

dont une mise à l'épreuve de dix jours avait montré la bonne conduite et la bonne volonté.

L'œuvre ayant réussi en Eure-et-Loir, M. André, nommé juge d'instruction à Paris, rêva d'en créer une semblable dans le département de la Seine : la Maison de Thiais, calquée en ses principes sur le modèle initial.

Les conditions d'admission furent élargies en raison du mécanisme spécial de la juridiction parisienne. L'article 2 des statuts prévoit, en effet :

1º Les individus déférés au « Petit Parquet » et jugés dignes d'une mesure de clémence ;

2º Les détenus préventivement mis en liberté, sortant des prisons de la Seine.

C'est en raison du spectacle douloureux offert par l'incessant défilé, au « Petit Parquet », des gens arrêtés par la police, que le règlement comprit cette extension. Les magistrats préposés à ce service ont souvent le cœur serré devant les misérables au ventre vide qui, arrêtés pour vagabondage ou mendicité, leur disent : « Voici longtemps que nous cherchons du travail ; nous n'en trouvons pas. Donnez-nous-en ; mettez-nous à l'épreuve. Si vous ne pouvez nous fournir de l'ouvrage, eh bien, faites de nous ce qu'il vous plaira, la prison est préférable au pavé des rues. »

Que répondre à ce poignant langage ?

L'aumône, l'envoi aux asiles temporaires, tels étaient les faibles et peu dignes moyens d'arrêter deux, trois jours, les malheureux sur la fatale pente, avant que n'existe la Maison de Thiais.

Le projet de M. André fut donc accueilli avec empressement par le procureur général Bulot, par le juge Herbeaux, de la Cour de cassation. MM. les substituts Pacot, Rome, Siben, aidèrent le fondateur et, dans leurs fonctions quotidiennes, fournirent à Thiais un premier contingent.

**
*

Pour assurer le relévement véritable des assistés, l'œuvre prévut *qu'il fallait leur donner conscience de n'être pas seulement secourus par un acte de bienfai-sance pure, mais que, seuls, le travail, la conduite et l'effort personnel devaient les réhabiliter à leurs propres yeux.*

Les hospitalisés, qui doivent avoir seize ans au moins, sont astreints à des travaux dont l'apprentis-sage ne doit pas excéder un mois, après lequel un sa-laire au moins égal à deux francs par jour leur est alloué. Ces premiers travaux tous payés aux pièces, comportent : l'emboutissage, les tissus métalliques, sommiers, cadres, meubles en bois blanc, balais, tapis en alfa, paillassons de jonc, etc.

De plus, un arrangement avec les syndicats et ate-liers, facilite le placement des ouvriers ainsi formés. Les salaires doivent être égaux à ceux que reçoit qui-conque pour le même travail.

Tout est donc prévu pour sauvegarder la dignité, refaire un moral et une conscience à l'homme sauvé.

Le labeur et le repos sont sagement comptés, ainsi que des encouragements et des gratifications aux meilleurs.

Telle est l'admirable organisation qui fonctionne sous la direction de M. Léguillon, retraité aujourd'hui, sous le contrôle d'un conseil de trente membres pris dans la magistrature et parmi les protagonistes de l'idée ; sous la présidence, enfin, de M. Casimir Périer.

La Maison de Travail est installée dans le petit village de Thiais, à dix minutes de Choisy-le-Roi, à une demi-heure de Paris.

Un ancien pensionnat, moderne encore, a été acheté, ainsi que les vingt-sept mille mètres de terrain y attenant.

Des petits pavillons, des arbres, des pelouses, de spacieux dortoirs, la campagne à perte de vue, l'air salubre, caractérisent l'endroit.

Des centaines de malheureux y ont déjà passé. Au 31 décembre 1904, 46 pour cent sont revenus à l'existence saine et digne, faisant espérer pour l'œuvre un magnifique avenir.

Tous les concours sont acceptés. Chacun peut, dans la mesure de ses moyens, aider l'entreprise.

Nombreux sont ceux qui l'ignorent encore et dont la bonne volonté pourrait se manifester si utilement. M. le substitut Pacton est chargé de les accueillir.

Ainsi, chacun pourra racheter sa part anonyme d'injustice sociale en contribuant à cette œuvre humanitaire de réparation envers les déshérités du sort et de la vie.

(Juillet 1905).

NOTE

Cette étude me valut, en 1905, les remerciements sympathiques de M. André, juge d'instruction à Paris, et de M. Léguillon, gardien-chef retraité, co-fondateur et directeur de la « Maison du Travail » de Thiais.

Une grève de Femmes

LES " SARDINIÈRES " DE DOUARNENEZ

Un grave conflit éclata, voici quelques jours, dans les importantes sardineries de Douarnenez.

Cette région du Finistère connut, il y a deux ans, une crise terrible, causée par le retrait du poisson qui la fait vivre. Une affreuse misère suivit, dans toutes les branches de l'industrie locale dépendant de la pêche, et ces populations si éprouvées, prirent depuis conscience de la précarité de leur sort.

Malgré tous les efforts tentés pour les arrêter, les idées de progrès ont franchi l'armée noire des prêtres, qui isolait la Bretagne du reste de la France, et, surprenant le monde des travailleurs, elles ont décidé, dans la grande Armorique, le mouvement prolétarien.

Le réveil a été d'autant plus long que l'ignorance resta puissante. Aujourd'hui, rien ne saurait suspendre dans le Finistère, la marche en avant vers un autre état social.

Ce conflit de Douarnenez a surgi, comme tous les autres, du choc de la misère et de la rapacité bourgeoise; les cerveaux se sont haussés tout à coup au triste niveau des réalités, réclamant l'émancipation et la vie meilleure.

***

' Jusqu'en février dernier, les ouvriers gagnaient, théoriquement s'entend, 1 fr. 25 et 1 fr. 75 pour mille petites et grosses sardines.

En raison de la facilité d'altération de la sardine, le travail qui consiste à enlever la tête des poissons et à les « désarêter », devait être exécuté très rapidement.

Aussi, les « filles » ne pouvaient-elles pas contrôler la quantité de sardines préparées.

Toute la population ouvrière de Douarnenez est retenue à ce travail, pour le compte de quelques usiniers, et elle y est tellement occupée, que c'est à peine si on a le temps, tous les trois ou quatre jours, de nettoyer les rues où s'entassent les détritus.

Des « commises », ou contremaîtresses, au service du patron, étaient chargées du contrôle.

Mais, outre que le salaire alloué aux pièces est infime, les « commises » trouvaient encore le moyen de le diminuer dans une proportion atteignant parfois la moitié et *gardaient* la différence ; si bien que, pour une période de travail de quatre mois et une durée quotidienne de 13 à 14 heures par jour, une ouvrière active et laborieuse arrivait à gagner au maximum 80 *francs par an.*

***

Au mois de février dernier, les ouvrières au service des usiniers se mirent en grève. Elles étaient payées selon le nombre de poissons confiés, c'est-à-dire au mille.

Nul contrôle n'étant possible avec ce système, elles demandèrent à être payées à l'heure, ce qui leur fut accordé en principe.

A la pratique, il en fut tout autrement ; certains patrons trouvant cette nouvelle méthode préjudiciable, refusèrent de l'appliquer et, usant sur leurs employés de la pression coutumière, ils obtinrent d'elles, avec leur renonciation, le regret de l'ancien état de choses.

De là, une dissidence qu'il y avait pourtant moyen d'éviter : le recours au plébiscite, à un referendum. Celui-ci eut lieu au vote secret, avec application de la cabine d'isolement, dont le Sénat n'a pas encore voulu pour les élections politiques. (1)

Le résultat dépassa toute attente : sur 965 suffrages exprimés, 21 bulletins demandèrent le travail au mille.

Les sardinières ne réclamaient, en somme, que l'application du contrat de février, signé par les patrons, qui leur reconnaissaient une paie de 0 fr. 20 à l'heure. Ce qui, ô Vanderbilt ! n'a rien de commun avec la fortune. Et cependant, trois employeurs renièrent leur engagement, par peur des conséquences onéreuses du système.

L'antienne de la concurrence étrangère est, naturellement, le seul prétexte qui les oblige à réduire les salaires, besogne pour laquelle les « commises » savent les aider.

Ils redoutent aussi un moindre rendement à l'heure : les malheureuses, se sachant payées, produiront moins !

Bref, toutes les mauvaises raisons pour maintenir un odieux système d'exploitation contre la volonté des travailleurs.

(1) A la date du 14 décembre 1907, le Sénat a refusé une seconde fois de voter la création de l'isoloir, acceptée par la Chambre...

Mais il ne faut passer sous silence l'activité vraiment extraordinaire, que déploya et déploie encore le clergé, à soutenir les patrons. L'Eglise, qui sera éternellement du côté du manche, refusa, en quelques circonstances, les sacrements, la prière et l'absolution aux révoltées. Celles-ci, par protestation, chantèrent l'*Internationale*, cantique suprême des déshérités.

Espérons, cependant, que leurs si justes revendications l'emporteront sur la rapacité patronale et que ce mouvement de révolte fera naître chez ces humbles esclaves, le désir d'un affranchissement définitif.

(*Juillet* 1905).

La Houille blanche

Notre collaborateur Henri-Martin a fait, le 16 octobre dernier, une importante conférence sur la « *Houille Blanche* », dans l'une des salles du Grand-Orient.

Devant une assistance nombreuse, le conférencier a rappelé les origines de la captation des forces naturelles liquides, les premiers efforts d'installation d'usines au pied des chutes, la transformation et le transport à distance de l'énergie électrique, pour arriver aux méthodes scientifiques nouvelles que l'on emploie dans les grandes exploitations-types du département de l'Isère.

Ensuite, Henri-Martin a envisagé le problème au point de vue social : richesse communale, travail et hygiène par la force-lumière à domicile, arrêt de l'exode rural, émancipation de l'individu, multiples avantages d'utilisation collective, développement de l'esprit de solidarité, etc., etc.

Puis il a considéré la question primordiale du déboisement à outrance, fatal aux sources en certaines régions, rendues désertes depuis, et a conclu en faveur de la monopolisation de la *houille blanche* par l'Etat.

Seul moyen, a-t-il dit, d'empêcher l'exploitation des eaux et des bois sans contrôle, ajoutant qu'il était dangereux d'engager l'avenir par des concessions au seul capital, concessions qu'il faudrait ensuite racheter après leur épuisement, alors que dans un délai très court la socialisation s'imposerait.

Après cette brillante conférence saluée d'approbations unanimes, notre collaborateur a reçu les témoignages cordiaux de deux ingénieurs présents, l'un de la Compagnie Edison, l'autre de la Société des Ingénieurs civils de France qui tinrent à lui manifester leur satisfaction sympathique.

Enfin un autre assistant a écrit à Henri-Martin la lettre suivante :

Cher Monsieur,

J'ai tout particulièrement à cœur de ne pas quitter Paris sans vous avoir dit à quel point vous nous avez intéressés, je dirai même émerveillés par votre conférence sur la *houille blanche*.

L'exposé que vous nous avez fait sous une forme captivante, représente un effort remarquable de documentation et d'observation sur place qui prouve que vous savez voir et bien voir les choses. Je l'ai d'autant mieux apprécié personnellement que, natif d'un pays de montagne, j'y ai suivi les essais encourageants d'utilisation de cette source naturelle d'énergie qu'est la *houille blanche*.

Comme vous, aussi, je suis convaincu que nos populations, peu favorisées sous tant d'autres rapports, trouveront là, un facteur de prospérité économique qui aidera puissamment, en ce qui les concerne, à résoudre la question sociale dans l'ordre d'idées qui nous est cher.

Avec tous mes compliments, je vous adresse, cher monsieur, l'expression de mes sentiments dévoués.

A. BOUNDAL
sous-directeur des Douanes et Régies de l'Indo-Chine.

Ces témoignages nous dispensent de toute qualification.

G. D.

(*La Tribune Républicaine. — Novembre* 1906.)

NOTE

Les forces naturelles devraient être décrétées *propriété sociale* et transformées immédiatement en monopoles d'Etat.

Un projet de concession de *la Houille Blanche* pour cinquante années va livrer sans doute à l'exploitation capitaliste des richesses incalculables.

Comme pour les chemins de fer, comme pour les mines, l'Etat sera bientôt amené par nécessité budgétaire, à racheter ces concessions. Ne vaudrait-il pas mieux, dans l'intérêt des finances nationales, qu'il s'abstienne déjà de les aliéner ? Et quelles ressources, le gouvernement ne se créerait-il, par de semblables monopoles, pour accomplir les réformes sociales qu'il a promises !

Allocution à des
Médaillés du Travail

UNE FÊTE DU TRAVAIL

Demain dimanche aura lieu à
Arpajon (Seine-et-Oise), une
grande fête républicaine sous la
présidence de M. Henri-Martin
représentant le Ministre du Travail, assisté de MM. Albert Dalimier, député de la circonscription et Emery, sous-préfet de
Corbeil.

Des médailles du travail et de
mutualité seront décernées.

(*Les Journaux*)
16 *Novembre* 1906.

Monsieur le Maire,
Monsieur le Préfet,
Mon cher Député,
Messieurs,

Les paroles de bienvenue dont vous avez tenu à
honorer en mon nom M. le Ministre du Travail, attes-
tent, à être prononcées dans la Maison Commune et
devant les républicains éprouvés qui y sont réunis, le
haut sentiment de joie que fait naître en vos esprits et
en vos cœurs la cérémonie d'aujourd'hui.

Vos chaleureux discours m'ont permis en outre de connaître et d'apprécier le valeureux effort auquel vos énergies se dévouèrent pour reconquérir définitivement cette place à la Démocratie.

Je savais déjà que votre premier devoir, après l'assaut nécessaire et lorsque votre nom eut concentré la majorité des suffrages, fut de faciliter l'accession du conseil aux candidats ouvriers.

En de telles circonstances, en raison de tels mérites, il m'est agréable, croyez-le bien, de vous exprimer l'hommage du Ministre du Travail.

Rarement, en effet, la largeur des idées oriente les esprits vers la justice politique et conduit les hommes à appeler pour la défense des intérêts économiques d'une classe sociale, ceux-là mêmes qui déterminent ces intérêts et les accroissent par leur incessant labeur.

Il m'est doux, surtout après avoir partagé aux côtés de mon excellent ami Dalimier, toutes les incertitudes comme toutes les joies de cette rude campagne, de revenir ici décerner quelques lauriers à ceux que trente années de dévouement ininterrompu à la grande cause humaine du Travail, font les premiers citoyens de cette belle fête.

Mais, croyez-le bien, je garde nettement conscience de la noble signification d'une telle cérémonie et, si je ne sentais peser sur mes jeunes épaules toute la responsabilité morale de ma délégation, je m'estimerais indigne, au seuil de la vie, de l'honneur que me vaudra dans un instant, la remise de ces glorieuses médailles.

Comment m'autoriserais-je, en effet, pour parler à ces vétérans de l'usine qui connurent — et souvent souffrirent dans leur chair — les différents régimes économiques se disputant ces trente années ?

que pourrais-je leur dire sinon que notre gratitude et notre respect leur sont pour toujours acquis.

Mais ce serait une bien faible consolation, une bien maigre espérance à leurs camarades du monde ouvrier et surtout à leurs fils, si nous ne pouvions, en sanctionnant leurs efforts par un valeureux insigne, leur affirmer aussi que des lois s'élaborent sans cesse qui ne soutiendront et ne défendront qu'eux seuls.

Leur dire encore, à ces artisans, dont les bras ont créé la richesse industrielle de ce pays et porté au loin les manifestations les plus dignes du génie national, que la République veut désormais magnifier le Travail et le faire représenter, officiellement enfin, par un Ministre, au conseil du gouvernement.

C'est pour eux tous, pour tous leurs frères de l'atelier et des champs une aube nouvelle qui se lève. E douteraient-ils après le triomphe de mai qui, en somme, ne consacra que leurs volontés !

Vous-mêmes, par vos suffrages, par votre choix, en avez proclamé l'augure.

A vous donc, Messieurs qui, par conviction, vous dévouez pour la démocratie, demeurera fidèle la confiance de vos concitoyens.

A vous, M. le Préfet, dont la haute conscience républicaine est de tous reconnue, resteront attachées les unanimes sympathies de vos administrés.

A vous, M. le Maire, à vous mon cher Dalimier, à vous tous Messieurs du Conseil qui, comme moi-même, vous consacrez au douloureux apostolat de l'émancipation des êtres et des esprits, reviendra enfin l'honneur de votre peine à l'édification commune de la République sociale de demain.

ALLOCUTION

aux Membres de l'Association des Contre-maîtres de la Métallurgie.

UNE FÊTE DÉMOCRATIQUE

Samedi soir a eu lieu dans les salons Bonvalet le grand banquet annuel de l'Association des contremaîtres et chefs de service de la Métallurgie (groupe Paris, Le Hâvre, les Ardennes), sous la présidence d'honneur du Ministre du Travail, représenté par M. Henri-Martin, membre de son cabinet. Plus de 300 convives assistaient à cette grande fête. Au dessert, des toasts furent portés par MM. Laprey et Fabre, présidents de la société, et des discours prononcés par MM. Dubois et Félix Chautemps, députés, puis, par le délégué du Ministre du Travail. Trois distinctions honorifiques ont été ensuite remises.

(Les Journaux).
18 Décembre 1906.

Messieurs,

En me déléguant pour cette belle fête, le Ministre du Travail a tenu à vous manifester d'une façon toute particulière, le haut intérêt qu'il porte à votre association.

Mais, ce faisant, il s'est privé du réel plaisir de vous apporter lui-même le témoignage de sympathie et d'encouragement qui vous est dû.

Et, messieurs, au lieu du magistral discours que vous auriez été en droit d'attendre de sa large pensée, ne pourrai-je que vous exprimer en termes sincères, la satisfaction que j'éprouve à être, ce soir, son interprète et son représentant.

Le privilège de l'âge et celui de l'expérience ne me sont point encore échus, et, par déférence pour le Labeur que vous représentez ici, pour qualifier l'effort matériel que votre union symbolise, je n'ai pas voulu me permettre une simple improvisation.

J'ai tenu, au contraire, à vous donner l'expression tout entière de mes sentiments d'admiration, devant la puissance et la sagesse de votre groupement.

Je ne suis pas venu non plus ignorant votre œuvre, mais imbu de son importance économique et de sa haute valeur sociale.

Messieurs,

Il m'aurait été difficile, je vous l'avoue, de parler de façon légère à votre table, sur l'esprit conciliateur d'une association comme la vôtre ; de même sur son rôle, que je devine parfois redoutable entre les ouvriers et les patrons.

Et c'est pour vous une situation exceptionnelle.

Il ne faut pas avoir vécu, il faut ne pas avoir lutté soi-même pour ignorer les douloureux conflits de conscience, qui, bien souvent, placent l'individu entre ses sentiments et ses intérêts ; et pour méconnaître le côté périlleux, par conséquent glorieux de votre tâche.

J'ai lu maintes fois votre intéressante Revue Pratique, si claire, si attrayante, ajouterai-je, même pour moi qui suis un artisan de la plume. Et je dois vous dire combien j'ai été agréablement surpris de constater votre patient effort vers la solidarité.

Vous vous êtes préoccupés du décès des pères de famille et des tristesses qui en résultent ; vous avez pris à cœur la création d'un fonds de retraites pour la vieillesse ; vous avez surtout diminué les craintes du chômage, cette plaie de la vie du travail ; vous avez partout enfin, mis à contribution votre générosité fraternelle et vos ressources, pour faciliter l'existence si terrible au solitaire, et parfois si douce en commun.

Vos réunions, vos rapports, vos projets, vos espérances, invariablement tendent à améliorer la condition morale de votre œuvre, en développant cet esprit d'assistance et d'affectueuse union, sans lequel les hommes seraient en perpétuel combat.

J'ai noté, non sans sympathie, l'étendue de votre action bienfaisante.

J'ai vu que votre parole ou votre exemple, avaient porté loin de Paris vos idées fécondes, et que deux autres groupes, non moins puissants, réunissaient, par leurs liens corporatifs deux des plus riches extrémités de la France.

Ce sont là, Messieurs, non seulement des choses belles et bonnes à lire, mais ce sont, surtout, des faits sociaux de capitale importance.

Le seul régime républicain, qui a édicté ces lois d'association, a permis le développement actuel de l'esprit de groupement, sur lequel notre évolution économique peut et doit compter.

Vous connaissez tous, messieurs, la force et le nombre des sociétés semblables à la vôtre, dans les pays saxons; et vous n'êtes pas, non plus, sans savoir quel rang modeste ils laissent à la France sous ce rapport.

Vous savez de même que ces pays sont économiquement mieux organisés que celui-ci.

Votre fondation est donc nécessaire et je ne doute

pas qu'en un avenir très prochain, elle n'ait d'autres filiales dans les grandes contrées métallurgiques comme le Lyonnais et le Centre. (1)

Votre situation, malgré cet avenir, n'en demeure pas moins délicate. Mais pour des hommes qui ont su mener au succès une pareille entreprise, le but commun devra s'affirmer toujours dans le sens altruiste, non tendre à une prospérité de façade.

Les nouvelles lois ouvrières et celles qui sont projetées doivent certainement vous préoccuper. Pour leur application, je suis sûr que votre esprit impartial vous fera donner par les artisans et les patrons, le rôle si digne de médiateurs.

La création d'un Ministère du Travail est un fait historique dans la vie laborieuse d'une nation : vous penserez avec moi que ce doit être avant tout la maison de la Paix Sociale.

Par votre large compréhension des lois qu'il interprètera et que vous seconderez, par vos tendances de plus en plus solidaires, par votre pénétration des milieux ouvriers, vous avez une place magnifique à tenir, une œuvre généreuse à continuer, une œuvre de pacification et de raisonnement.

Pour de tels espoirs, je salue, au nom du Ministre du Travail, votre association puissante et je vous invite à collaborer avec lui, à l'avènement de cette «République humaine et fraternelle» dont il a fait le vœu pour vous.

---

(1) Le Président de l'association me fit savoir ultérieurement que de nouveaux groupes allaient être formés à Lyon et dans le Cher, confirmant ainsi mes prévisions.

Cette allocution a été reproduite dans la " Revue des Industries Métallurgiques " de Février 1907.

APPENDICE

Conférences, documents, notes et
commentaires.

CONFÉRENCES

*Conférences publiques faites sur des questions d'éco-
nomie politique et de Science, depuis avril 1905 jusqu'à
octobre 1906.* [1]

I. — Les Sciences anciennes et la Science moderne,
leurs rapports, leur philosophie.
Salle du Grand-Orient
(pour la Société Astronomique de France)
18 Avril 1905.

II. — L'Impérialisme colonial.
Salle Rochechouart
19 Décembre 1905.

III. — L'Héritage de la Révolution Française [2].
Salle de l'Harmonie, rue d'Angoulème
(pour la Ligue des Droits de l'Homme)
21 Décembre 1905.

IV. — L'Antagonisme du Travail et du Capital.
Salle du Grand-Orient
20 Mars 1906.

V. — Le Scrutin de Liste et la Représentation Pro-
portionnelle.
au Groupe d'Etudes Sociales
17 Avril 1906.

VI. — La Houille Blanche [3].
Salle du Grand-Orient
16 Octobre 1906.

---

(1) Quatre autres conférences sur l'esthétique et la littérature,
ont été données, au Groupe d'Art Social, pendant la même période,
et plus de vingt, sur des sujets purement politiques, au gré de
l'actualité.

(2) Voir Compte-rendu page 91.

(3) Voir Compte-rendu page 78.

NOTES

Heureux choix.

Nous avons le plaisir d'annoncer que notre ami et collaborateur Henri-Martin qui, depuis trois ans, était secrétaire particulier du Sénateur Mascuraud, vient d'entrer au cabinet de M. Viviani, le nouveau Ministre du Travail.

Ceux qui connaissent Henri-Martin, applaudiront à cet heureux choix auquel n'est point étranger Paul-Boncour, nommé Directeur du dit cabinet, et dont chacun se rappelle la belle préface aux derniers poèmes de notre ami.

Nous espérons que ses délicates fonctions ne l'empêcheront point de nous donner une suite à *Vérité.*

(*Le Soir* — *L'Aurore*).
Novembre 1906.

Voici cette préface :

25 *août* 1906.

Mon Cher Ami,

Votre poésie est si fièrement mêlée à l'action, que peut-être, vos lecteurs vous excuseront d'avoir ménagé à mon incompétence, le plaisir de la leur présenter.

Dieu merci ! Voilà beau temps que la tour d'ivoire, où quelques dilettantes prétendirent enfermer leurs méditations stériles, s'est écroulée au souffle vivifiant des revendications populaires.

Aujourd'hui, artistes et poètes, ceux-là, du moins, qui ne se contentent pas d'être les fournisseurs patentés d'une clientèle fatiguée, ceux qui ne travaillent ni pour les salons mondains ni pour les instituts officiels, ceux qu'on ne décore pas et qui ne sont pas primés dans les concours, trouvent dans les grands mouvements des foules où se prépare une Société meilleure, assez d'inspiration pour justifier la supériorité d'un art délibérément social.

Il ne s'agit pas de revêtir la redingote du prédicant et de moraliser hors de propos. L'Art est social, du moment que, vibrant à toutes les passions de son époque, il s'efforce de traduire en images, en rythmes, en symboles, les enthousiasmes, les colères et les désirs du milieu social dont il est le produit magnifique et spontané.

Les voiles, que le vent du large drape sur le corps glorieux de la Victoire de Samothrace, portent, dans leurs plis sacrés, un enseignement d'héroïsme.

Les torses nus des esclaves enchaînés de Michel-Ange, m'en disent plus long sur l'effort séculaire d'une humanité douloureuse, pour réaliser sa soif de justice, que toutes les homélies des philanthropes.

Quant à vous, mon cher ami, votre poésie est plus profondément sociale que nulle autre, puisque, non content d'avoir chanté l'épopée de la Vérité, en marche à travers les âges, — tour à tour naturelle, philosophique, symbolique, humaine enfin, — conquérant, après chacune de ses défaites, un peu plus de terrain, faisant chaque fois reculer un peu plus les frontières du royaume des ténèbres, vous avez voulu, avec une belle audace et une vue juste des choses, inscrire à son frontispice, les noms de ceux qui combattirent et souffrirent pour Elle, dans une lutte récente et toute chaude encore des passions politiques.

Vous êtes en pleine bataille, au plus fort de la mêlée, et c'est la ferveur de vos convictions qui fait la beauté de vos vers.

Dans les luttes nouvelles et plus âpres qui se préparent, il est à souhaiter que plus d'un, parmi les poètes, vous imite et, délaissant les poncifs sentimentaux, où risque de les attarder un individualisme trop étroit, comprenne que le laurier d'or sera la récompense de celui qui dira sans détour la beauté de l'action.

J. PAUL-BONCOUR.

J'ai tenu à rappeler ici cette lettre-préface car elle contient, en essence, l'une des meilleures appréciations qui aient été portées sur mon effort personnel, cependant si modeste.

La qualité, la valeur, la haute intelligence de son auteur donnent aux sentiments qu'elle exprime, une signification qui m'est précieuse.

A cette place, une telle page semble la conclusion logique de ce petit livre dont elle authentifie et l'indépendance et la sincérité.

Je ne puis oublier, en outre, que je dois à Paul-Boncour la consécration d'un labeur social désintéressé de plusieurs années, celle qu'il lui donna en m'appelant auprès de lui comme collaborateur, dans le cabinet du Travail, lors de la fondation de ce Ministère.

Que ce souvenir lui témoigne une fois encore ma durable gratitude.

H. M.

Ligue des Droits de l'Homme et du Citoyen [1]

Le Jeudi 21 Décembre 1905, la XIe Section de *La Ligue des Droits de l'Homme et du Citoyen* a organisé une conférence à la Salle de l'Harmonie, 94, rue d'Angoulême.

Une nombreuse assistance avait tenu à entendre le citoyen Henri-Martin, conférencier de la Ligue, qui a traité de *L'Héritage de la Révolution française.*

L'orateur a pleinement satisfait son auditoire par une complète revue de notre histoire révolutionnaire, depuis 1789, et l'enseignement que celle-ci comporte à l'heure présente.

Des applaudissements très nourris ont remercié Henri-Martin et lui ont témoigné la satisfaction générale [2].

L'ordre du jour suivant est ensuite adopté à l'unanimité :

Les membres de la XIe section de la *Ligue des Droits de l'Homme* réunis le 21 Décembre 1905 à la Salle de l'Harmonie, sous la présidence du député Levraud, après avoir entendu la brillante conférence du citoyen Henri-Martin, se déclarent plus que jamais prêts, à l'approche des élections législatives, à défendre les droits chèrement acquis par le peuple dans ses révolutions depuis 89, Droits qui constituent son patrimoine de libertés civiques.

(1) Voir Bulletin. 6e Année, N° 4, page 269.
(2) Compte-rendu de *La Tribune républicaine* (Janvier 1906).

RÉPUBLIQUE FRANÇAISE

VILLE D'ARPAJON

LE DIMANCHE 18 NOVEMBRE 1906

GRANDE FÊTE MUTUALISTE

Organisée par l'Union des Sociétés Mutuelles de la Ville

Sous la présidence de M. HENRI-MARTIN

Chef adjoint du Cabinet de M. le Ministre du Travail

Assisté de M. EMERY, Sous-Préfet de Corbeil (1)

ET AVEC LE GRACIEUX CONCOURS

DE LA FANFARE DE LA VILLE D'ARPAJON

PROGRAMME

(1) et de MM. De Courcel, Sénateur ; Dalimier, député de Seine-et-Oise.

UNE FÊTE DU TRAVAIL

Compte-rendu de la fête d'Arpajon, extrait de " La Tribune Républicaine " de Décembre 1906.

Je n'avais pas vu notre rédacteur en chef depuis quelques jours et je me demandais quelle pouvait bien être la cause de son silence, quand je lus à ma grande surprise dans les journaux que « *M. Henri-Martin, du cabinet du Ministre du Travail* », présidait le lendemain Dimanche, 18 novembre, une grande fête dans la circonscription de Corbeil.

Un autre nom, Albert Dalimier, député, suivait à peu de distance.

Sachant la vieille et profonde amitié qui unissait ces deux « jeunes », je ne doutai pas un seul instant qu'il ne s'agisse de notre premier collaborateur.

Et le lendemain, sans avis préalable, je pris le train pour assister à ses débuts officiels.

Henri-Martin, car c'était bien lui, devait, en qualité de représentant du Ministre, procéder à la remise solennelle des médailles à ruban tricolore aux 29 « trentenaires » de l'industrieuse cité d'Arpajon.

Il me parut fort à l'aise, de loin, entre son député, le préfet de Corbeil et les sénateurs De Courcel et Bonnefille... Mais nous arrivons. Les verbes au présent deviennent nécessaires à ma narration.

****

Dans la petite gare encombrée d'hommes noirs et de tubes éclatants, ce sont les salamalecs d'usage.

Notre poète sourit, serre des phalanges, parle, remercie, congratule avec aisance. On dirait qu'il n'a jamais fait autre chose.

Une fanfare éclate, le cortège se forme — au milieu de la chaussée boueuse, sous un vivifiant soleil. — Et en route pour la Mairie. Dislocation, poignées de mains, réception. Nous voici au premier étage, dans une salle magnifique, décorée de peintures aux allégories de la Révolution.

L'instant des harangues me paraît proche.

Tout d'abord, quelques délégations — une dizaine — Henri-Martin les accueille et trouve un mot sympathique pour chacune d'elles.

Certaines lui glissent des requêtes, des enveloppes. Il en a bientôt dans les deux mains ; c'est drôle et curieux. Une foule compacte envahit l'étage, se presse aux portes. Songez donc, c'est un jour mémorable. La ville est pavoisée, les citoyens sont aux fenêtres ou dehors ; d'immenses affiches vertes et rouges annoncent le programme.

Enfin, au nom de la ville et du conseil municipal le Maire souhaite la bienvenue à notre « ancien » camarade, saluant « le premier délégué d'un ministre socialiste dans sa maison républicaine » et lui exprimant « toutes les espérances que font naître dans sa commune ouvrière, la création d'un Ministère du travail. »

Après quelques chaudes paroles de remerciements, dites par M. Emery, sous-préfet de Corbeil, le député Dalimier prononce un vibrant discours retraçant l'effort des élus de gauche « pour la réalisation des réformes sociales si longtemps attendues. » Il est fortement applaudi.

Henri-Martin prend ensuite la parole et, de chaleureuse façon, fait l'apologie du travail. Jamais on n'avait entendu un tel langage dans les cérémonies de cette nature. Ce fut bref, juste et bon. Par trois fois, les approbations unanimes l'interrompirent et lorsqu'il eut fini, ses amis et moi-même, s'empressèrent de le féliciter pour ses heureux débuts.

Alors, il épingla, une à une, les vingt-neuf médailles sur les poitrines de tous ces modestes serviteurs, parmi lesquels se trouvaient six femmes.

A chacune, à chacun, Henri-Martin dit très bas quelques mots qui semblèrent augmenter la satisfaction des élus.

*
* *

La cérémonie est terminée. Mais non ; une bannière toute vierge reste à remettre aux membres d'une société. On la passe à notre délégué qui improvise un laïus sympathique, aux braves gens emportant leur trophée.

La fanfare entonne un pas redoublé. C'est l'heure du banquet. Les « légumes » démarrent, arrivent, se répandent. Changement à vue, seconde fête.

300 mutualistes sont installés dans une immense salle décorée d'arbustes et de couleurs. Les officiels prennent place à la table d'honneur. Henri-Martin préside, ayant à sa gauche le sénateur De Courcel et à sa droite, le préfet. Atmosphère gaie, soleil par les vitres, fleurs sur les nappes, repas parfait. Un silence, et les discours reprennent. Je plains intérieurement notre ami qui donne la parole aux orateurs.

Le dernier, toujours, alors que ses devanciers ont épuisé le sujet, le représentant du ministre trouve encore son chemin de Damas, car tous les officiels ont parlé de la mutualité de classe et lui ont laissé ce beau thème de la solidarité totale aux développements duquel, dans ces mêmes colonnes, sa plume s'exerça jadis, pour notre plus grand profit. Dirai-je qu'il eut le verbe et l'allure !

Il remet ensuite 8 médailles de la Mutualité. Ce sont des cris, des bravos. La salle se vide et je vois notre ami sauter en voiture avec les notables que la foule entoure, en route pour Essonnes, *Fête artistique*, et pour Corbeil, *banquet des anciens élèves de la Laïque*.

Mais je ne cherche plus à suivre celui qui fut notre collaborateur. Il faudrait que je possède son endurance ou ses fonctions. Or, je n'ai ni celle-là, ni celles-ci.

Mais quel métier ! Enfin, cela fait tout de même plaisir de voir un « vieux » camarade de lutte, un ami toujours, faire l'ascension, en se jouant, de tous les postes auxquels le prédestinent sa valeur et son tempérament. C'est ainsi qu'il profite du repos hebdomadaire.

Mais je suis certain que, de cette écrasante journée, il ne gardera qu'un durable souvenir : la Fête du Travail au milieu des ouvriers socialistes.

O. M. C.

(*La Tribune Républicaine*)
Décembre 1906.

Etudes Libres

recueils trimestriels
de critique esthétique et sociale
par
HENRI-MARTIN

RECUEILS PARUS :

I.   Juillet 1907.

Notes Documentaires (1903-1905) .... 1 vol.
(Sociologie. Politique. Histoire.)

II.   Octobre 1907.

Notes Documentaires (1903-1905)............... 1 vol.
(Sciences. Esthétique. Education)

III.   Décembre 1907.

Critiques Sociales (1905-1906)........... 1 vol.
(Programmes. Codes. Travail).

POUR PARAITRE :

Critique :

THÉORIES et DOCTRINES ACTUELLES.
LE COMITÉ DE " LA DÉMOCRATIE
    SOCIALE ".
LA " REVUE ROUGE ".

Esthétique :

L'ACTION INTELLECTUELLE.
ESSAI SUR L'IMAGERIE CHARTRAINE.
UNE CONCEPTION D'ART " SOCIAL ".

(Volumes de 60 à 120 pages).

Arpajon. — Imprimerie Théodore Mavet.